#홈스쿨링
#혼자공부하기

똑똑한
하루 사회

Chunjae
Makes
Chunjae

▼

똑똑한 하루 사회 3-2

편집개발   조미연, 윤순란, 김민경, 박진영
디자인총괄   김희정
표지디자인   윤순미, 박민정
내지디자인   박희춘, 한유정, 우혜림
본문 사진 제공   게티이미지뱅크, 뉴스뱅크, 연합뉴스
제작   황성진, 조규영

발행일   2021년 6월 1일 초판   2021년 6월 1일 1쇄
발행인   (주)천재교육
주소   서울시 금천구 가산로9길 54
신고번호   제2001-000018호
고객센터   1577-0902

똑똑한

하루
사회

3-2

똑똑한 하루 사회

어떤 책인지 알면 공부가 더 재미있어.

똑똑한 하루 사회 구성과 특징

핵심 용어

- 핵심 용어만 쏙!
- 한자와 예문으로 이해 쏙쏙!
- 그림으로 기억력 UP!

1일~4일 학습

개념 동영상 ●━━

빠른 정답 보기 ●━━

❶ 개념 만화

❷ 개념 익히기

❸ 개념 확인하기

- '❶ 개념 만화 → ❷ 개념 익히기 → ❸ 개념 확인하기' 3단계로 하루 학습
- 하루 6쪽, 4주면 한 학기 공부 끝!

5일
마무리
학습

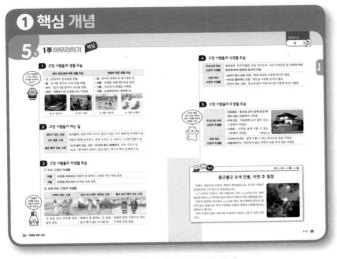

• '❶ 핵심 개념 → ❷ 문제' 2단계로 하루 학습

특강

• 한 주에 배운 내용을 확인하는 누구나 100점 맞는 TEST
• 재미있고 새로운 유형의 특강으로 창의력, 사고력, 논리력 UP!

재미있게 똑똑해지네?

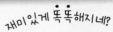

하루하루
조금씩 기초부터 쌓다 보면
어느새 자신감이 생겨.

똑똑한 하루 사회 차례

똑똑한 하루 사회를 함께할 친구들

햄이

랄프
자연인처럼
살고자 하는
외국인

자연
산악 자전거를
즐겨 타는 호기심
많은 3학년 소년

나라
새침하면서도
신중한 3학년
소녀

조아
호탕한 성격의
자연이의
누나

▲ 계단식 논

▲ 터돋움집

여름철에 홍수의 위험이 있는 고장에서 지었어.

산지촌

농촌 — 생산 활동 ● 환경에 따라 다른 삶의 모습 ● 의식주

어촌

주생활

식생활

의생활

사람들은 고장의 자연환경을 이용한 일을 주로 하며 살아가.

▲ 고기잡이

▲ 춥고 눈이 많이 오는 고장의 의생활 모습

고장마다 서로 다른 환경은 고장 사람들의 생산 활동과 의식주 생활 모습에 영향을 줘.

1주에는 무엇을 공부할까? ❷

자연환경

自 然
스스로 **자** 그릴 **연**

環 境
고리 **환** 지경 **경**

뜻 산, 들, 하천, 바다와 같은 땅의 생김새와 날씨에 영향을 주는 눈, 비, 바람, 기온 등을 말함.

예 우리 고장은 산과 하천 등의 **자연환경**이 있다.

사람들은 자연환경을 이용하여 편리한 시설을 만들어.

인문 환경

人 文
사람 **인** 글월 **문**

環 境
고리 **환** 지경 **경**

뜻 자연환경을 토대로 사람들이 만들어 낸 환경

예 도로, 논, 과수원, 항구, 다리, 공장 등은 **인문 환경**이다.

강 수 량

降 水 量
내릴 **강** 물 **수** 헤아릴 **량**

뜻 일정한 곳에 일정 기간 내린 눈, 비 등의 물의 양

예 우리 고장은 **강수량**의 여름철 집중 현상이 뚜렷한 편이다.

기 온

氣 溫
기운 **기** 따뜻할 **온**

뜻 공기의 온도

예 우리 고장은 겨울에 **기온**이 낮아 춥고 눈이 많이 내린다.

고장 사람들의 생활 모습은 고장의 환경과 관련이 깊어.
자연환경, 인문 환경, 의식주 등의 용어는 꼭 기억해.

의식주

衣 食 住
옷 의 먹을 식 살 주

뜻 입을 옷과 먹을 음식, 자거나 쉴 수 있는 집을 통틀어 이르는 말

예 의식주는 우리가 살아가는 데 가장 기본적이고 필수적인 것이다.

의식주 모습은 고장의 환경과 관계가 깊어.

터돋움집

뜻 땅 위에 터를 돋우어 높은 곳에 지은 집

예 여름철 홍수로 물에 잠길 위험이 있는 고장에서는 **터돋움집**을 지었다.

우데기

뜻 집에 눈이 들어오는 것을 막으려고 지붕의 끝에서부터 땅까지 내린 벽

예 겨울철 눈이 많이 오는 고장에서는 **우데기**를 설치했다.

눈이 많이 와서 집 밖으로 나갈 수가 없네.

울릉도에서 우데기를 만든 까닭을 알겠어.

1일 땅의 생김새와 계절에 따른 생활 모습

🐰 **자연인으로 살아 볼까?**

산과 강이 있고, 바람도 좋고. 이곳 ◉**자연환경**은 내 마음에 딱 들어.

멀지 않은 곳에 도로, 비닐하우스, 집과 같은 ◉**인문 환경**이 있는 게 불만이긴 하지만.

어쨌든 운이 좋게도 이 장소는 통화권 밖이군.

스마트폰을 사용할 수 없다는 것은 문명과 떨어져 있다는 것과 마찬가지!

이곳에서 진정한 자연인의 삶을 살리라!

누구지?

문명은 생각보다 가까웠다.

🐹 **용어 체크**

◉ **자연환경**

땅의 생김새나 날씨에 영향을 주는 눈, 비, 바람 등을 말함.

예 산, 들, 하천, 바다와 같은 땅의 생김새는 [①　　　　　]이다.

▲ 자연환경 – 하천

◉ **인문 환경**

논과 밭, 과수원, 다리, 도로 등 사람들이 만든 환경

예 공장, 공원, 도로, 아파트 등은 [②　　　　　]이다.

정답 ❶ 자연환경 ❷ 인문 환경

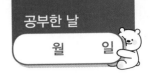
계절에 따라 날씨가 다르다고?

용어 체크

기온
공기의 온도

예 여름에는 ❶ [   ] 이 높아 덥기 때문에
더위를 피하기 위한 옷차림을 한다.

강수량
일정한 곳에 일정 기간 내린 눈, 비 등의 물의 양

예 이 지역은 ❷ [   ] 이 적어 물이 부족
하다.

정답 ❶ 기온 ❷ 강수량

1일 개념 익히기

▶ 개념 동영상

1 고장의 환경에 대해 알아볼까?

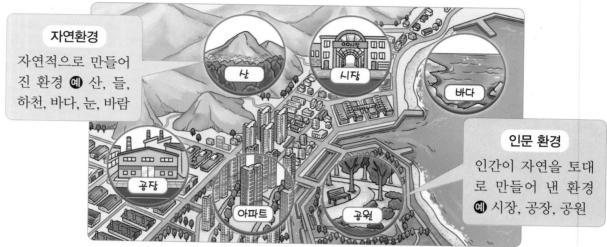

자연환경
자연적으로 만들어진 환경 예 산, 들, 하천, 바다, 눈, 바람

산

시장

바다

공장

아파트

공원

인문 환경
인간이 자연을 토대로 만들어 낸 환경 예 시장, 공장, 공원

☑ 고장은 산, **①**(바다 / 시장) 등의 자연환경과 아파트, 공장 등과 같은 인문 환경으로 이루어져 있습니다.

2 땅의 생김새에 따른 사람들의 생활 모습을 알아볼까?

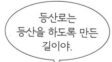
등산로는 등산을 하도록 만든 길이야.

산

공원이나 등산로를 만듦.

들

농사를 짓거나 도로와 주택을 만듦.

하천

생활용수와 공업용수로 이용하거나, 주변에 공원을 만듦.

바다

물고기를 잡거나 염전을 만들어 소금을 얻음.

염전은 소금을 만들기 위해 바닷물을 끌어 들여 논처럼 만든 곳이야.

☑ 사람들은 산, 들, 하천, 바다 등을 이용하여 생활에 편리한 시설을 만들기도 합니다.

3 계절에 따른 사람들의 생활 모습을 살펴볼까?

• 날씨 : 따뜻함.
• 생활 모습 : 꽃구경

• 날씨 : 덥고, 비가 많이 내림.
• 생활 모습 : **해수욕**, 선풍기 사용

봄 | 여름
가을 | 겨울

• 날씨 : 선선함.
• 생활 모습 : **곡식 수확**, 단풍 구경

• 날씨 : 춥고 눈이 내리기도 함.
• 생활 모습 : 썰매 타기, 난로 사용

계절에 따라 기온, 강수량 등이 다르기 때문에
사람들의 생활 모습이 다름.

☑ 봄에는 꽃구경, 여름에는 해수욕, 가을에는 수확, 겨울에는 ❷(단풍 구경 / 썰매 타기) 등을 합니다.

정답 ❶ 바다 ❷ 썰매 타기

🐻 **개념 체크**

정답과 풀이 1쪽

1 도로, 공장, 아파트 등은 ☐☐ 환경입니다.

2 사람들은 ☐☐에 염전을 만들어 소금을 얻습니다.

3 사람들은 더운 ☐☐에 물놀이를 즐깁니다.

보기
• 자연   • 인문
• 바다   • 하천
• 여름   • 겨울

1 다음 ㉠~㉡ 중 고장의 자연환경은 무엇인지 모두 찾아 기호를 쓰시오.

(,   )

2 사람들이 들을 이용하는 모습과 가장 관련 있는 것은 어느 것입니까? (   )

① 염전   ② 도로   ③ 양식장

④ 스키장   ⑤ 삼림욕장

3 오른쪽 자연환경을 이용하는 모습으로 알맞은 것을 두 가지 고르시오. (,   )

① 소금을 얻는다.

② 농사를 짓는다.

③ 물고기를 잡는다.

④ 등산로를 만든다.

⑤ 아파트를 짓는다.

▲ 바다

4 하천을 이용하는 모습을 바르게 말한 어린이를 두 명 고르시오. (　　,　　)

① 재신 : 스키장을 만들어.

② 미연 : 등산로를 만들어.

③ 진영 : 갯벌에서 조개를 잡아.

④ 민경 : 주변에 공원을 만들어.

⑤ 현우 : 생활용수와 공업용수로 이용해.

5 기온이 낮아 춥고 눈이 내리기도 하는 계절의 생활 모습으로 알맞은 것에 ○표를 하시오.

(1)

▲ 꽃구경

(　　　　　)

(2)

▲ 곡식 수확

(　　　　　)

(3)

▲ 난로 사용

(　　　　　)

똑똑한 **하루 퀴즈**

6 '여름'이 주제인 퍼즐을 완성하려고 할 때, 빈칸에 들어갈 알맞은 퍼즐 조각에 ○표를 하세요.

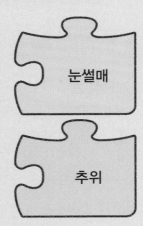

더위　얇은 옷　선풍기　?

단풍　눈썰매　해수욕　추위

고장 사람들이 하는 일

🐱 **산속에서 사는 법!**

📍 계단식 논

산간 지역의 비탈진 땅에 계단처럼 만든 논

예 산간 지역에서는 농사지을 땅이 부족해

  ①⬚⬚⬚⬚⬚⬚ 에서 벼농사를 짓는다.

📍 목장

일정한 시설을 갖추어 소나 말, 양 등을 놓아기르는 곳

예 풀이 무성한 ②⬚⬚⬚ 에서는 가축이 잘

자란다.

1주

논밭에는 농작물이 쑥쑥!

용어 체크

◎ 농작물

논밭에 심어 가꾸는 곡식이나 채소

예 사람들은 논밭을 만들어 ❶ ◻◻◻ 을 재배한다.

◎ 촌락

시골의 작은 마을

예 도시에 비해 ❷ ◻◻ 은 사람 수가 적다.

정답 ❶ 농작물 ❷ 촌락

1 바다가 있는 고장에 사는 사람들의 생활 모습을 살펴볼까?

물고기잡이, 김과 미역 양식

인공적으로 길러서 번식하게 함.

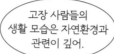

고장 사람들의 생활 모습은 자연환경과 관련이 깊어.

식당이나 숙박 시설 운영

물고기 잡는 기구 판매 및 수리

☑ 주로 ❶(고기잡이 / 약초 캐기), 김과 미역 기르기 등의 일을 하며 살아갑니다.

2 산이 많은 고장에 사는 사람들이 하는 일을 살펴볼까?

목장에서 소 키우기

눈이 많이 내리는 곳에서는 산비탈을 이용해 스키장을 만들기도 해.

비탈진 땅에 농사짓기

버섯 기르기

☑ 주로 ❷(소 / 미역) 키우기, 비탈진 땅을 활용해 농사짓기 등을 하며 살아갑니다.

3 넓은 들이 있는 고장에 사는 사람들이 하는 일을 살펴볼까?

▲ 곡식과 채소 재배　　　▲ 가축 기르기　　　▲ 농기계 판매 및 수리

논과 밭이 있는 고장　　　　　도시

도시에는 많은 사람이 살고 높은 건물도 많아.

▲ 회사에서 일하기　　　▲ 백화점에서 물건 팔기　　　▲ 버스, 택시 운전하기

☑ 논과 밭이 있는 고장 사람들은 주로 ❸(농사 / 고기잡이)와 관련된 일을 하며, 도시에 사는 사람들은 다양한 일을 합니다.

정답 ❶ 고기잡이　❷ 소　❸ 농사

🐼 **개념 체크**

　　　　　　　　　　　　　　　　　　　　　　　　　　　　　　정답과 풀이 1쪽

1 고기잡이는 　　　을/를 이용하며 살아가는 모습입니다.

2 산이 많은 고장의 사람들은 　　　을/를 기르기도 합니다.

3 도시 사람들은 　　　　일을 합니다.

보기
• 바다　　• 사막
• 조개　　• 버섯
• 똑같은　• 다양한

[1~2] 다음은 민우네 고장의 모습입니다.

1 민우네 고장의 자연환경을 바르게 말한 어린이를 쓰시오.

바다와
모래사장이
있어.

▲ 주혁

울창한 숲이
있어.

▲ 햇님

넓은 사막이
펼쳐져 있어.

▲ 사랑

(   )

2 민우네 고장 사람들이 주로 하는 일로 알맞지 <u>않은</u> 것은 어느 것입니까? (   )

① 김과 미역을 양식한다.

② 바다에서 물고기를 잡는다.

③ 식당이나 숙박 시설을 운영하기도 한다.

④ 숲에서 목재를 얻고 꿀을 얻기 위해 벌을 기른다.

⑤ 물고기를 잡는 기구를 팔거나 수리하는 일을 한다.

3 오른쪽과 같은 일을 주로 하는 고장의 자연환경으로 알맞은 것은 어느 것입니까? (   )

① 갯벌이 있다.

② 바다가 있다.

③ 넓은 들이 있다.

④ 산이 많이 있다.

⑤ 모래사장이 있다.

▲ 비탈진 땅을 활용해 농사짓기

4 도시에 사는 사람들이 주로 하는 일로 알맞지 <u>않은</u> 것을 두 가지 고르시오. (,   )

① 소 키우기

② 물건 팔기

③ 버섯 기르기

④ 회사 다니기

⑤ 버스 운전하기

5 넓은 들에 논과 밭이 있는 고장의 사람들이 주로 하는 일이 적힌 나무판만 밟아 강을 무사히 건너 보세요.

3일 자연환경에 따른 의생활

의식주가 왜 필요해?

▲ 의생활

▲ 식생활

▲ 주생활

용어 체크

의식주

사람이 살아가는 데 반드시 필요한 입을 옷과 먹을 음식, 자거나 쉴 수 있는 집을 통틀어 이르는 말

예 환경에 따라 ⬜① 생활 모습이 다르다.

정답 ① 의식주

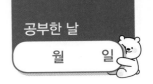

계절에 맞는 옷을 입어 볼까?

용어 체크

한여름

더위가 한창인 여름

예 우리는 [①]의 더위를 피하기 위해 해수욕을 즐겼다.

모시옷

모시로 지은 옷

예 바람이 잘 통하는 [②]은 여름옷으로 그만이다.

정답 ① 한여름 ② 모시옷

3일 개념 익히기

1 의식주란 무엇일까?

옷 : 몸을 보호해 줌.

의식주는 우리가 살아가는 데 가장 기본적이고 필수적인 거야.

음식 : **영양분**을 얻음.

집 : 안전하고 편하게 쉬게 해 줌.

☑ 살아가는 데 반드시 필요한 입을 옷과 먹을 음식, 자거나 쉴 수 있는 집을 통틀어 이르는 말입니다.

2 우리 고장 사람들의 의생활 모습을 살펴볼까?

여름

더위를 피하려고 바람이 잘 통하는 소재로 만든 옷과 햇볕을 막는 모자를 씀.

겨울

추위를 막기 위해 두꺼운 옷을 입고 장갑을 끼거나 목도리를 두르기도 함.

☑ 고장 사람들의 의생활 모습은 계절과 날씨에 따라 ❶(달라집니다 / 같습니다).

3 세계 여러 고장의 의생활 모습을 살펴볼까?

▶ 개념 동영상

추운 고장 사람들은 발목을 감싸는 부츠를 신어.

춥고 눈이 많이 오는 고장

동물의 털과 가죽으로 만든 두꺼운 옷을 입음.

덥고 비가 많이 내리는 고장

바람이 잘 통하는 긴 옷을 입고 챙이 넓은 모자를 씀.

낮과 밤의 기온 차가 큰 고장

낮의 뜨거운 햇볕을 막고 밤의 추위를 견디려고 망토와 같은 긴 옷을 걸치고 모자를 씀.

사막이 있는 고장

뜨거운 햇볕과 **모래바람**을 막으려고 긴 옷을 입고 머리에는 천을 둘러 감음.

사막이 있는 고장은 뜨거운 햇볕이 내리쬐며, 모래바람이 불어.

✓ 세계 각 고장의 날씨에 따라 의생활 모습이 ❷(다양하게 / 똑같이) 나타납니다.

정답 ❶ 달라집니다 ❷ 다양하게

개념 체크

◦ 정답과 풀이 2쪽

1 바지, 신발 등은 ☐☐☐과 관련된 것입니다.

2 추운 ☐☐에는 추위를 막기 위해 두꺼운 옷을 입습니다.

3 사막이 있는 고장에서는 ☐☐☐☐을/를 막으려고 긴 옷을 입습니다.

보기
- 식생활
- 의생활
- 여름
- 겨울
- 모래바람
- 집중 호우
  어느 한 지역에 집중적으로 내리는 비

○ 정답과 풀이 2쪽

1 의식주에 해당하지 <u>않는</u> 것은 어느 것입니까? (   )

①

▲ 바지

②
▲ 빵

③

▲ 아파트

④

▲ 자동차

⑤

▲ 모자

2 다음 의식주 생활이 필요한 까닭을 알맞게 선으로 이으시오.

(1) 의생활 ·

(2) 식생활 ·

(3) 주생활 ·

· ㉠ 영양분을 얻음.

· ㉡ 몸을 보호해 줌.

· ㉢ 자거나 쉴 수 있음.

3 날씨가 더울 때 고장 사람들의 옷차림을 두 가지 고르시오. (,   )

① 장갑을 낀다.

② 목도리를 두른다.

③ 햇볕을 막는 모자를 쓴다.

④ 솜을 넣어 만든 옷을 입는다.

⑤ 바람이 잘 통하는 소재로 만든 옷을 입는다.

4 사막이 있는 고장에서 오른쪽과 같은 옷차림을 하는 이유로 알맞은 것은 어느 것입니까? (   )

① 환경 보호를 위해서

② 추위를 막기 위해서

③ 눈이 많이 오기 때문에

④ 비가 많이 내리기 때문에

⑤ 뜨거운 햇볕과 모래바람을 막기 위해서

집중 연습 문제 세계 여러 고장의 의생활 모습

5 베트남처럼 덥고 습한 고장에 살고 있는 사람들의 의생활 모습으로 알맞은 것에 ○표를 하시오.

(1)

(   )

(2)

(   )

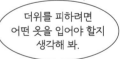
더위를 피하려면 어떤 옷을 입어야 할지 생각해 봐.

6 오른쪽 의생활 모습을 볼 수 있는 고장의 자연환경은 어느 것입니까? (   )

① 사막이 있다.

② 덥고 비가 많이 내린다.

③ 춥고 눈이 많이 내린다.

④ 모래바람이 자주 일어난다.

⑤ 낮에는 매우 덥고, 밤에는 매우 춥다.

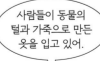
사람들이 동물의 털과 가죽으로 만든 옷을 입고 있어.

자연환경에 따른 식생활과 주생활

 지방의 대표 음식을 먹어 보자!

용어 체크

옹심이

찹쌀 등을 새알만 한 크기로 동글동글하게 빚어서 만든 덩어리

예 감자 **①** [   ] 는 영월에서 발달한 음식이다.

간고등어

소금에 절인 고등어

예 안동은 바다와 멀어 **②** [   ] 를 만들어 먹었다.

정답 ① 옹심이 **②** 간고등어

산속에 집을 지어 볼까?

용어 체크

◉ 너와

지붕을 일 때 기와처럼 쓰는 얇은 돌조각이나 나뭇조각

예 나무를 쉽게 구할 수 있는 고장에서는 ① ☐☐☐ 집을 지었다.

◉ 우데기

집에 눈이 들어오는 것을 막으려고 지붕의 끝에서부터 땅까지 내린 벽

예 겨울철 눈이 많이 내리는 고장에서는 ② ☐☐☐ 를 만들었다.

정답 ① 너와   ② 우데기

1 우리나라 고장 사람들의 식생활 모습을 살펴볼까?

평양냉면
날씨가 서늘하고 비가 많이 내리지 않는 평양에서는 메밀을 많이 재배하고, 이 메밀로 면발을 만듦.

어리굴젓
서산 근처 바닷가에서는 굴이 잘 자라서 어리굴젓을 많이 담금.

전주비빔밥
넓은 들과 산에서 쌀과 채소를 쉽게 구할 수 있고, 장맛도 좋음.

감자 옹심이
산지가 많고 날씨가 서늘한 영월에서는 감자를 많이 심으며, 감자로 옹심이(새알)를 만듦.

간고등어
바다와 멀리 떨어진 안동에서는 고등어를 운반하는 동안 고등어에 소금을 뿌려서 상하지 않게 함.

옥돔구이
옥돔은 제주 근처 바다에서 많이 잡히는 생선으로 맛이 좋음.

☑ 평양냉면, **①**(전주 / 제주)비빔밥처럼 고장 사람들의 식생활은 고장의 자연환경과 관련이 깊습니다.

2 세계 여러 고장의 식생활 모습에 대해 알아볼까?

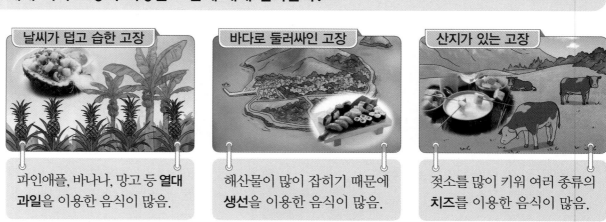

날씨가 덥고 습한 고장
파인애플, 바나나, 망고 등 **열대 과일**을 이용한 음식이 많음.

바다로 둘러싸인 고장
해산물이 많이 잡히기 때문에 **생선**을 이용한 음식이 많음.

산지가 있는 고장
젖소를 많이 키워 여러 종류의 **치즈**를 이용한 음식이 많음.

☑ 날씨가 덥고 습한 고장은 열대 과일을 이용한 음식이, **②**(산 / 바다)이/가 있는 고장은 해산물을 이용한 음식이 발달했습니다.

3 우리나라와 세계 고장 사람들의 주생활 모습을 살펴볼까?

▶ 개념 동영상

우리나라의 여러 고장

터돋움집

홍수로 집이 물에 잠길 위험이 있는 고장에서 지었음.

우데기집

겨울에 **눈**이 많이 오는 고장에서 지었음.

너와집

나무를 쉽게 구할 수 있는 고장에서 지었음.

세계의 여러 고장

이즈바(러시아)

주변 숲에서 쉽게 구할 수 있는 **통나무**로 집을 지었음.

동굴집(터키)

화산 폭발로 만들어진 단단하지 않은 **바위**의 속을 파서 지었음.

☑ 고장의 계절과 날씨, 땅의 생김새 등에 따라 주생활 모습은 다양하게 나타납니다.

정답 ❶ 전주 ❷ 바다

🐼 개념 체크

○ 정답과 풀이 2쪽

1 간고등어는 바다와 멀리 떨어진 ☐☐에서 발달한 음식입니다.

2 터돋움집은 ☐☐(으)로 인한 피해를 줄이기 위해 지었습니다.

3 나무가 많은 고장에서는 ☐☐☐을/를 지었습니다.

보기
• 안동   • 서산
• 가뭄   • 홍수
• 너와집   • 우데기

1 다음 ㉠에 들어갈 알맞은 음식은 무엇입니까? (   )

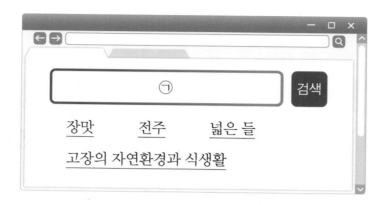

㉠

검색

장맛   전주   넓은 들

고장의 자연환경과 식생활

① 냉면   ② 비빔밥   ③ 어리굴젓
④ 간고등어   ⑤ 옥돔구이

2 서산에서 어리굴젓이 발달한 까닭은 어느 것입니까? (   )

① 서산은 산지가 많기 때문에
② 서산은 바다와 멀기 때문에
③ 서산은 장맛이 좋기 때문에
④ 서산은 메밀이 특산물이기 때문에
⑤ 서산 근처 바닷가에서 굴이 잘 자라기 때문에

3 다음 중 젖소를 많이 키우는 산지의 고장에서 발달한 음식을 찾아 ○표를 하시오.

(1)

▲ 열대 과일로 만든 음식

(2)

▲ 치즈로 만든 음식

(3)

▲ 생선으로 만든 음식

(   )   (   )   (   )

4 오른쪽 집에 대한 설명으로 알맞은 것은 어느 것입니까?

(   )

▲ 터돋움집

① 나무로 지붕을 얹은 집이다.

② 가뭄에 대비하기 위한 집이다.

③ 추운 고장에서 발달한 집이다.

④ 겨울에 눈이 많이 내리는 고장에서 지었다.

⑤ 홍수로 물에 잠길 위험이 있는 집을 보호하기 위해 지었다.

5 터키의 동굴집과 관련된 고장의 자연환경으로 가장 알맞은 것은 어느 것입니까? (   )

① 우박이 자주 온다.

② 나무들이 많이 있다.

③ 여름에 비가 적게 내린다.

④ 아침과 저녁의 기온 차가 크다.

⑤ 화산 폭발로 만들어진 바위가 단단하지 않다.

똑똑한 하루 퀴즈

6 다음 초성 퀴즈의 정답을 맞혀 보세요.

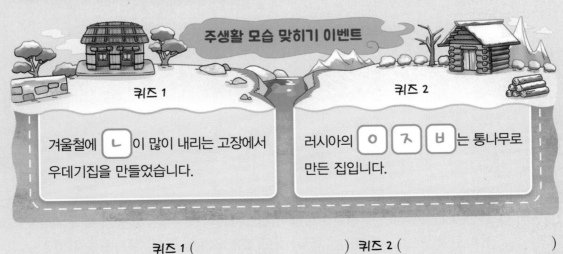

주생활 모습 맞히기 이벤트

퀴즈 1

퀴즈 2

겨울철에 [ㄴ]이 많이 내리는 고장에서 우데기집을 만들었습니다.

러시아의 [ㅇ][ㅈ][ㅂ]는 통나무로 만든 집입니다.

퀴즈 1 (   ) 퀴즈 2 (   )

1 고장 사람들의 생활 모습

고장 사람들은 산, 들, 하천과 바다를 이용하며 살아가.

땅의 생김새에 따른 생활 모습	계절에 따른 생활 모습
• 산 : 공원이나 등산로를 만듦. • 들 : 농사를 짓거나, 도로 등을 만듦. • 바다 : 물고기를 잡거나 소금을 얻음. • 하천 : 생활용수와 공업용수로 이용함.	• 봄 : 산이나 공원으로 꽃구경을 감. • 여름 : 더위를 피해 해수욕을 즐김. • 가을 : 곡식이나 열매를 수확함. • 겨울 : 눈썰매장에서 썰매를 탐.

▲ 산-등산로　　　▲ 바다-염전　　　▲ 여름-해수욕　　　▲ 겨울-눈썰매

2 고장 사람들이 하는 일

바다가 있는 고장	고기잡이, 김과 미역 기르기, 물고기 잡는 기구 판매 및 수리하기 등
산이 많은 고장	비탈진 땅에 농사짓기, 버섯 기르기, 소 키우기, 스키장 만들기 등
넓은 들이 있는 고장	• 논과 밭이 있는 고장 : 곡식과 채소 재배하기, 가축 기르기 등 • 도시 : 회사에서 일하기, 물건 팔기, 버스나 택시 운전하기 등

3 고장 사람들의 의생활 모습

① 우리 고장의 의생활

여름	더위를 피하려고 바람이 잘 통하는 소재로 만든 옷을 입음.
겨울	추위를 막으려고 두꺼운 옷을 입음.

② 세계 여러 고장의 의생활

사람들의 의생활 모습은 계절과 날씨에 따라 달라져.

사막이 있는 고장	덥고 비가 많이 내리는 고장	춥고 눈이 많이 오는 고장

긴 옷을 입고 머리에 천을 둘러 감음.	바람이 잘 통하는 긴 옷을 입고 챙이 넓은 모자를 씀.	동물의 털과 가죽으로 만든 두꺼운 옷을 입음.

4 고장 사람들의 식생활 모습

우리나라 여러 고장의 식생활	평양냉면, 전주비빔밥, 안동 간고등어, 서산 어리굴젓 등 고장의 자연 환경에 따라 발달한 음식이 다름.
세계 여러 고장의 식생활	• 날씨가 덥고 습한 고장 : 열대 과일을 이용한 음식이 많음. • 바다로 둘러싸인 고장 : 생선을 이용한 음식이 많음. • 산지가 있는 고장 : 젖소를 많이 키워 치즈를 이용한 음식이 많음.

5 고장 사람들의 주생활 모습

고장의 계절, 날씨, 땅의 생김새 등은 주생활 모습에 영향을 미쳐.

우리나라 여러 고장의 주생활	• 터돋움집 : 홍수로 집이 물에 잠길 위험이 있는 고장에서 지었음. • 우데기집 : 겨울철에 눈이 많이 오는 고장에서 지었음. • 너와집 : 나무를 쉽게 구할 수 있는 고장에서 지었음.	 터돋움집 ▶
세계 여러 고장의 주생활	• 이즈바(러시아) : 쉽게 구할 수 있는 통나무로 집을 지었음. • 동굴집(터키) : 단단하지 않은 바위의 속을 파서 집을 지었음.	

하루 뉴스

20△△년 △△월 △△일

울긋불긋 오색 단풍, 이번 주 절정

올해도 아름다운 단풍의 계절이 찾아왔습니다. 전국의 산들은 알록달록한 고운 빛으로 물들었습니다.

○○시에서 단풍이 가장 아름다운 곳은 △△산입니다. 파란 하늘을 배경으로 계곡을 따라 피어난 단풍이 더욱 아름답습니다.

단풍이 절정에 이르면서 △△산을 찾는 등산객들의 발길이 끊이지 않고 있습니다. 이번 주말에는 단풍과 관련된 다양한 행사도 열린다고 합니다.

이번 주말에 단풍 나들이를 나간다면 가을을 느낄 수 있을 것입니다.

1일 땅의 생김새와 계절에 따른 생활 모습

1 자연환경에 대한 설명으로 알맞지 <u>않은</u> 것은 어느 것입니까? (   )

① 자연 그대로의 환경이다.

② 논, 과수원은 자연환경이다.

③ 사람들은 자연환경을 이용하여 살아간다.

④ 날씨에 영향을 주는 비, 기온 등은 자연환경이다.

⑤ 사람들은 자연환경을 이용해 편리한 시설을 만든다.

2 오른쪽 자연환경을 이용하는 모습으로 가장 알맞은 것은 어느 것입니까? (   )

① 해수욕장을 만든다.

② 도로와 주택 등을 만든다.

③ 공원이나 등산로를 만든다.

④ 염전을 만들어 소금을 얻는다.

⑤ 생활용수와 공업용수로 이용한다.

▲ 산

3 다음과 같은 생활 모습을 주로 볼 수 있는 계절은 언제인지 보기 에서 찾아 쓰시오.

보기

• 봄   • 여름   • 가을   • 겨울

(1)

▲ 난로 사용

(   )

(2)

▲ 단풍

(   )

(3)

▲ 선풍기 사용

(   )

2일 고장 사람들이 하는 일

4 다음 □ 안에 들어갈 알맞은 자연환경은 무엇입니까? (   )

> □이/가 있는 고장에 사는 사람들은 주로 물고기를 잡거나 김과 미역을 기르는 일 등을 합니다.

① 들　　　　　② 산　　　　　③ 하천
④ 바다　　　　⑤ 사막

5 산이 많은 고장의 사람들이 주로 하는 일로 알맞지 <u>않은</u> 것을 찾아 기호를 쓰시오.

ㄱ
▲ 비탈진 땅에 농사짓기

ㄴ
▲ 버섯 기르기

ㄷ
▲ 물고기를 잡는 기구 팔기

(　　　　　　　　)

서술형

6 다음 고장에 사는 사람들이 주로 하는 일을 한 가지만 쓰시오.

▲ 도시

_____

_____

3일 자연환경에 따른 의생활

7 여름철에 바람이 잘 통하는 소재로 만든 옷을 입는 까닭은 무엇입니까? (   )

① 햇볕을 막기 위해서

② 추위를 막기 위해서

③ 더위를 피하기 위해서

④ 비바람을 피하기 위해서

⑤ 몸을 따뜻하게 하기 위해서

8 페루의 높은 산이 있는 고장 사람들이 오른쪽과 같은 옷차림을 하는 까닭은 무엇입니까? (   )

① 비가 많이 와서

② 눈이 많이 와서

③ 우박이 자주 내려서

④ 낮과 밤의 기온 차가 커서

⑤ 모래바람을 피하기 위해서

9 다음 중 추운 고장에서 주로 볼 수 있는 의생활 모습을 찾아 ○표를 하시오.

(1)

(   )

(2)

(   )

(3)

(   )

4일 **자연환경에 따른 식생활과 주생활**

10 다음과 같은 이유로 서산에서 발달한 음식은 어느 것입니까? (   )

> 서산 근처 바닷가에서는 굴이 잘 자랍니다.

① 평양냉면   ② 어리굴젓   ③ 간고등어
④ 옥돔구이   ⑤ 감자 옹심이

11 우데기집을 만든 까닭으로 알맞은 것을 보기 에서 찾아 기호를 쓰시오.

> **보기**
> ㉠ 주변에서 나무를 쉽게 구할 수 있기 때문입니다.
> ㉡ 눈이 많이 와도 집 안을 자유롭게 다니기 위해서입니다.
> ㉢ 홍수로 물에 잠길 위험이 있는 집을 보호하기 위해서입니다.

(   )

똑똑한 하루 퀴즈

12 바다와 멀리 떨어진 안동에서 발달한 음식을 고른 어린이를 쓰세요.

(   )

1 다음 중 인문 환경은 어느 것입니까? (   )

①
▲ 산

②
▲ 바다

③
▲ 아파트

④
▲ 하천

2 주로 다음과 같이 이용하는 자연환경은 무엇입니까? (   )

| • 미역 양식하기   • 염전 만들기 |

① 산   ② 들   ③ 사막
④ 바다   ⑤ 하천

3 봄에 볼 수 있는 생활 모습으로 가장 알맞은 것은 어느 것입니까? (   )

① 꽃구경하기   ② 눈썰매 타기
③ 해수욕 즐기기   ④ 단풍 구경하기
⑤ 난로 사용하기

4 바다가 있는 고장 사람들이 주로 하는 일은 어느 것입니까? (   )

①
▲ 고기잡이

②
▲ 버섯 기르기

③
▲ 목재 얻기

④
▲ 소 키우기

5 다음 고장에 사는 사람들이 주로 하는 일로 알맞은 것은 어느 것입니까? (   )

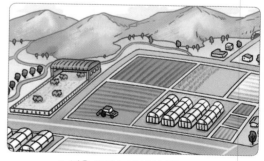
▲ 넓은 들에 논과 밭이 있는 고장

① 김, 미역 기르기
② 곡식과 채소 재배하기
③ 공장이나 회사에서 일하기
④ 스키장 주변에서 식당 운영하기
⑤ 물고기를 잡는 기구 판매 및 수리하기

6 겨울철에 사람들이 다음과 같은 옷차림을 하는 까닭으로 알맞은 것에 ○표를 하시오.

(1) 추위를 막기 위해서   (   )

(2) 더위를 피하기 위해서   (   )

(3) 모래바람을 막기 위해서   (   )

(4) 뜨거운 햇볕을 피하기 위해서 (   )

7 다음과 같은 고장의 의생활 모습으로 알맞은 것은 어느 것입니까? (   )

> 덥고 비가 많이 내립니다.

①    ②

③    ④

8 다음과 같은 이유로 영월에서 발달한 음식은 어느 것입니까? (   )

> 산지가 많고 날씨가 서늘한 영월에서는 감자를 많이 심습니다.

① 김치   ② 비빔밥

③ 어리굴젓   ④ 옥돔구이

⑤ 감자 옹심이

9 다음 중 나무를 쉽게 구할 수 있는 고장에서 지은 집을 찾아 기호를 쓰시오.

㉠    ㉡

▲ 너와집   ▲ 터돋움집

(   )

10 러시아의 이즈바와 관련 있는 자연환경으로 알맞은 것은 어느 것입니까? (   )

① 비가 오지 않는다.

② 날씨가 덥고 습하다.

③ 눈이 내리지 않는다.

④ 모래바람이 많이 분다.

⑤ 주변 숲에서 나무를 쉽게 구할 수 있다.

1주 특강

생활 속 사회

사람들이 고장의 환경을 이용해 여가 생활을 즐기는 모습을 살펴봅니다.

고장의 환경을 이용한 여가 생활

랄프 형은 어떤 여가 생활을 해?

나는 산에 살고 있다 보니 햄이와 등산을 자주 해.

여가 생활이 뭐야?

스스로 즐거움을 얻고자 남는 시간에 하는 자유로운 활동이야.

내가 산악 자전거를 즐겨 타는 것도 여가 생활이야.

사람들은 자연환경이나 인문 환경을 이용해서 여가 생활을 해.

영화관에서 영화를 보는 것, 박물관에서 유물을 관람하는 것, 도서관에서 책을 읽는 것은 인문 환경을 이용한 여가 생활이네.

내가 즐기는 등산은 산을 이용한 여가 생활이지.

강이나 바다에서는 물놀이나 낚시를 할 수 있어.

나는 강에서 래프팅을 해 보고 싶어.

으윽~ 생각만 해도 무서워.

겁쟁이~

1 다양한 여가 생활을 즐기고 있는 모습이 보이네요. 인문 환경을 이용한 여가 생활을 즐기고 있는 모습에 모두 ○표를 하세요.

등산하기

영화관에서 영화 보기

바다에서 낚시하기

박물관에서 유물 관람하기

도서관에서 책 읽기

사고 쑥쑥

○✕ 퀴즈를 풀어 보며, 의식주의 뜻과 필요성을 알아봅니다.

2 의식주에 관한 ○✕ 퀴즈를 풀면서 미로를 빠져 나가는 길을 선으로 연결해 보세요.

자연환경에 따른 고장 사람들의 생활 모습을 살펴봅니다.

3 다음 만화를 보고, 나라의 사촌이 살고 있는 고장의 모습으로 가장 알맞은 것의 기호를 쓰세요.

(   )

논리 탄탄

인터넷 검색 알고리즘에 따라 사막이 있는 고장의 의생활 모습을 알아봅니다.

4 자연이는 세계 여러 고장의 의생활 모습을 인터넷으로 조사하고 있어요. 인터넷 검색 결과가 참으로 나왔을 때 ㈎에 들어갈 의생활 모습을 보기 에서 찾아 기호를 쓰세요.

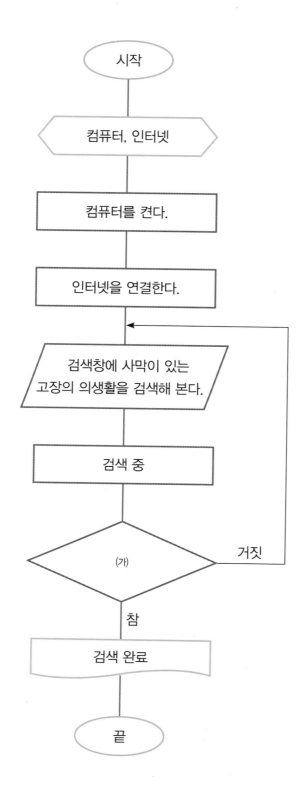

(   )

암호를 풀어 보며, 고장의 자연환경에 따른 주생활 모습을 알아봅니다.

5 자연이와 나라가 과거 사람들이 살았던 집 모양에 대해 이야기하고 있어요. 자연이가 설명하는 집은 무엇인지 암호를 풀어 맞혀 보세요.

①	②	③	④	⑤	⑥	⑦	⑧	⑨	⑩	⑪	⑫	⑬	⑭
ㄱ	ㄴ	ㄷ	ㄹ	ㅁ	ㅂ	ㅅ	ㅇ	ㅈ	ㅊ	ㅋ	ㅌ	ㅍ	ㅎ

□	■	◇	◆	☆	★	○	●	♧	♣	♡	♥	♤	♠
ㅏ	ㅑ	ㅓ	ㅕ	ㅗ	ㅛ	ㅜ	ㅠ	ㅡ	ㅣ	ㅐ	ㅒ	ㅔ	ㅖ

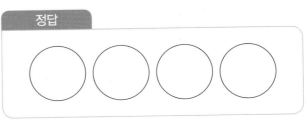

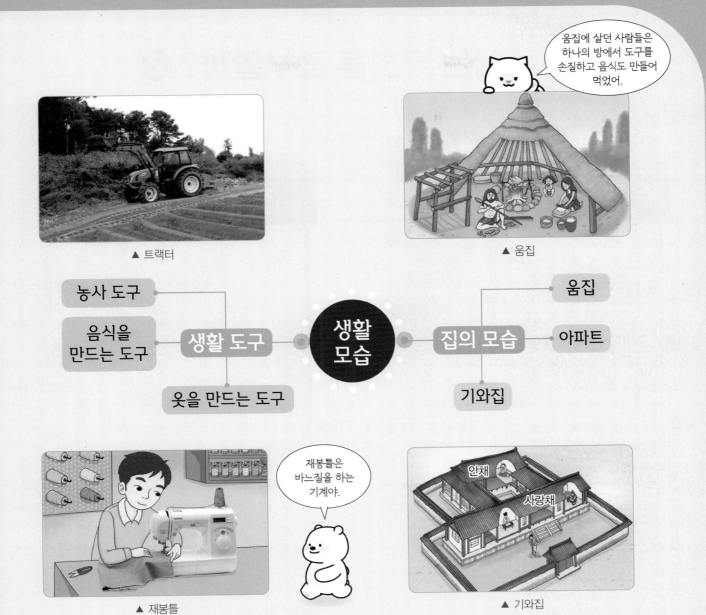

움집에 살던 사람들은 하나의 방에서 도구를 손질하고 음식도 만들어 먹었어.

▲ 트랙터

▲ 움집

농사 도구

음식을 만드는 도구

생활 도구

옷을 만드는 도구

생활 모습

집의 모습

움집

아파트

기와집

재봉틀은 바느질을 하는 기계야.

▲ 재봉틀

안채

사랑채

▲ 기와집

옛날에 사용하던 생활 도구와 살았던 집을 살펴보며 그 시대 사람들의 생활 모습을 이해해 보자.

주먹도끼

뜻 주먹에 쥐고 사용하는 도끼 모양의 뗀석기
└ 돌을 깨뜨리거나 떼어 만든 도구

예 구석기 시대에는 돌로 만든 **주먹도끼**로 사냥을 했다.

청동

青 銅
푸를 청 구리 동

뜻 구리와 주석을 섞어 단단하게 만든 금속

예 점차 사람들은 **청동**보다 훨씬 단단한 철을 이용해 도구를 만들기 시작했다.

청동 검이나 청동 거울은 제사장이 사용하던 물건이야.

자연인답게 반달 돌칼로 수확해 볼까?

수확하다 날 새겠다.

못 말려.

반달 돌칼

뜻 이삭을 따거나 곡식을 베는 데에 쓰던 반달 모양의 돌로 만든 칼

예 돌로 만든 대표적인 농사 도구에는 **반달 돌칼**, 돌 괭이 등이 있다.

옛날의 생활 도구와 집을 통해
그 당시 사람들의 생활 모습을 알 수 있어.
주먹도끼, 토기, 움집 등의 용어는 꼭 기억해.

토 기

土 器
흙 토   그릇 기

뜻 흙으로 만든 그릇

예 옛날 사람들은 **토기**에 물과 여러 재료를 넣고 끓여 음식을 만들었다.

베 틀

뜻 실로 옷감을 짜는 기구

예 **베틀**에 실을 올려 놓고 서로 엮어서 옷감을 만들었다.

기와는 튼튼하고 불에 탈 걱정이 없었어.

움 집

뜻 땅을 파서 가운데 기둥을 세우고, 지붕을 덮어 만든 집

예 농사를 짓기 시작하면서 사람들은 **움집**을 짓고 한 곳에 모여 살기 시작했다.

기 와 집

뜻 흙을 구워 만든 기와로 지붕을 덮은 집

예 **기와집**은 초가집과 달리 지붕을 바꾸지 않고 오래 살 수 있었다.

1일 옛날의 생활 모습

돌과 나무로 도구를 만들 수 있다고?

용어 체크

주먹도끼

주먹에 쥐고 사용하는 도끼 모양의 뗀석기

예 사냥을 할 때 돌로 만든 [❶]를 사용했다.

토기

흙으로 만든 그릇

예 농사를 짓기 시작한 사람들을 흙으로 만든 [❷]에 음식을 저장했다.

정답 ❶ 주먹도끼 ❷ 토기

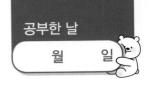

 옛날 사람들은 청동으로 무엇을 만들었을까?

용어 체크

◉ 청동

구리와 주석을 섞어 단단하게 만든 금속

예 돌을 사용하던 조상들은 점차 ① [   ]과

같은 금속으로 도구를 만들기 시작했다.

◉ 비파형 동검

중국 악기인 비파를 닮은 동검

예 ② [   ]은 칼의 모양이 비파를

닮아서 붙은 이름이다.

정답 ❶ 청동 ❷ 비파형 동검

3-2 • **53**

1 자연에서 얻은 도구를 사용하던 옛날의 생활 모습을 알아볼까?

돌을 깨뜨려 도구를 만들던 시대

추위를 피하고 동물의 공격을 막기 위해 **동굴**이나 바위 그늘에서 살았음.

열매가 맛있게 생겼네. 따서 먹어야지.

깨진 돌이 날카로워서 사냥하기 좋구나.

▲ 손에 쥐고 사용한 주먹도끼

동물의 가죽이나 풀잎으로 옷을 만들어 입었어.

열매를 따거나 동물을 **사냥**해 먹을거리를 얻었음.

돌을 깨뜨려 도구를 만들고, 나무 등을 생활 도구로 사용했음.

돌을 갈아서 도구를 만들던 시대

강가나 해안가에 모여 살기 시작했음.

오늘은 물고기를 많이 잡아서 기분이 좋네.

강가나 해안가는 먹을거리가 풍부했어.

▲ 음식을 담았던 빗살무늬 토기

▲ 동물의 뼈로 만든 낚시 도구

농사를 짓고 가축을 길렀으며 흙으로 그릇을 만들었음.

강에서 물고기와 조개를 잡았으며 동물의 뼈를 다듬어 도구를 만들었음.

☑ 열매를 따 먹거나 사냥을 하던 사람들이 강 근처의 땅을 일구어 ❶(농사짓기 / 고기잡이)를 시작했습니다.

개념 동영상

2 새로운 도구를 만들어 사용하던 옛날의 생활 모습을 알아볼까?

일상생활에서는
여전히 돌과
나무로 만든 도구를
사용했어.

 청동으로
도구를 만들던
시대

▲ 비파형 동검   ▲ 청동 거울

청동은 무기, 장신구, **제사
도구**를 만들 때 주로 쓰였음.

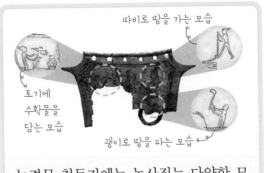
따비로 땅을 가는 모습

토기에
수확물을
담는 모습

괭이로 땅을 파는 모습

농경문 청동기에는 농사짓는 다양한 모
습이 새겨져 있음.

철로
도구를 만들던
시대

날카로운 농사
도구를 사용하니
농사짓기가 훨씬
편하네.

철로 만든 농사 도구는 돌보다 단단
하고 날카로워 **농업**이 크게 **발달**함.

철로 만든 튼튼한 무기를 가진 사
람들은 전쟁에서 쉽게 이겼음.

☑ 청동으로 만든 도구로 제사를 지냈고, ❷(철 / 돌)로 만든 농사 도구를 사용하면서 농업이 발달했습니다.

정답 ❶ 농사짓기 ❷ 철

개념 체크

○ 정답과 풀이 5쪽

1 주먹도끼는 [ ](으)로 만든 생활 도구입니다.

2 청동은 주로 [ ][ ]를 지내는 도구를 만드는 데 쓰였습니다.

3 철로 만든 무기를 가진 사람들은 [ ][ ]에서 쉽게 이길 수 있었습니다.

보기
• 돌   • 흙
• 제사   • 농사
• 전쟁   • 놀이

1 돌을 깨뜨려 도구를 만들어 사용하던 시대의 생활 모습으로 알맞지 <u>않은</u> 것은 어느 것입니까? (   )

① 열매를 따서 먹었다.

② 동물을 사냥해서 먹었다.

③ 동굴이나 바위 그늘에서 살았다.

④ 청동으로 무기나 장신구를 만들었다.

⑤ 동물의 가죽이나 풀잎으로 옷을 만들어 입었다.

2 다음 중 음식을 담을 때 사용했던 도구는 무엇인지 기호를 쓰시오.

▲ 빗살무늬 토기

▲ 청동 거울

▲ 동물의 뼈로 만든 낚시 도구

(   )

3 다음 청동으로 만든 물건에 새겨진 그림을 두 가지 고르시오. (,   )

① 사냥을 하는 모습   ② 전쟁을 하는 모습

③ 따비로 땅을 가는 모습   ④ 토기에 수확물을 담는 모습

⑤ 낚시 도구로 물고기를 잡는 모습

4 철로 만든 농사 도구를 사용하면서 달라진 점은 어느 것입니까? ( )

① 농업이 크게 발달했다.

② 농사를 지을 때 힘이 더 들었다.

③ 전쟁에서 지는 경우가 많아졌다.

④ 곡식을 흙으로 만든 그릇에 저장했다.

⑤ 먹을 것을 찾아 옮겨다니며 살기 시작했다.

집중 연습 문제 **돌을 깨뜨려 도구를 만들어 사용하던 시대**

[5~6] 다음 그림을 보고, 물음에 답하시오.

돌을 깨뜨려 도구를 만들던 시대에는 불에 직접 음식을 구워 먹기도 했대.

5 위 ㉠과 같이 동굴에 산 까닭으로 알맞은 것에 ○표를 하시오.

(1) 가축을 기르며 농사를 짓기 위해서 ( )

(2) 추위를 피하고 동물들의 공격을 막기 위해서 ( )

6 위 ㉡에 들어갈 도구로 알맞은 것을 보기 에서 찾아 쓰시오.

보기
• 주먹도끼 • 청동 방울 • 비파형 동검

( )

돌을 깨뜨려서 만든 도구는 무엇인지 생각해 봐.

2일 농사 도구의 발달

🐰 수확을 해 보자!

용어 체크

🔵 돌괭이

긴 나무 막대기 끝에 뾰족한 돌을 묶어 땅을 가는 데 사용한 도구

예 옛날 사람들을 [①　　　　] 로 땅을 일구었다.

🔵 반달 돌칼

이삭을 따거나 곡식을 베는 데에 쓰던 반달 모양의 돌로 만든 칼

예 돌로 만든 수확 도구에는 [②　　　　] 이 있다.

정답 ① 돌괭이 ② 반달 돌칼

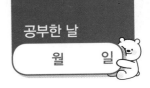
2
주

농사 도구가 발달하면 뭐가 좋을까?

용어 체크

◎ **트랙터**

무거운 짐이나 농기계를 끄는 특수 자동차

예 논갈이를 하는 ❶ [   ]
의 소리가 시끄러웠다.

◎ **콤바인**

곡식을 베는 일과 탈곡하는 일을 한꺼번에 하는 농업 기계 → 이삭에서 낟알을 떨어내는 일

예 요즘은 ❷ [   ] 으로 편하게
수확할 수 있다.

정답 ❶ 트랙터 ❷ 콤바인

2일 개념 익히기

개념 동영상

1 농사 도구의 발달 모습을 살펴볼까?

땅을 가는 도구의 발달

돌괭이

긴 나무 막대기 끝에 뾰족한 **돌**을 묶어 사용했음.

철로 만든 괭이

나무 막대기 끝 부분이 돌에서 **철**로 바뀜.

쟁기

소를 이용하여 힘을 덜 들이고 논이나 밭을 만듦.

트랙터

농기계를 사용해서 편리하게 땅을 갈 수 있음.

곡식을 수확하는 도구의 발달

반달 돌칼

돌을 갈아서 날카롭게 만든 도구를 사용했음.

철로 만든 낫

자르는 부분이 돌에서 **철**로 바뀌었음.

탈곡기

탈곡기를 사용해 곡식의 수확을 쉽게 할 수 있게 되었음.

수확기(콤바인)

수확기로 곡식을 자르는 일과 탈곡하는 일을 한꺼번에 함.

농사 도구가 [1](돌 / 금)에서 철로 바뀌었고, 오늘날에는 농기계를 사용해 농사를 짓습니다.

2 농사 도구의 발달로 변화된 생활 모습을 살펴볼까?

한 사람이 농사지을 수 있는 땅이 넓어짐.

농사짓기가 쉽고 편리해졌음.

다양하고 많은 양의 곡식과 채소, 과일을 얻을 수 있음.

날카롭고 튼튼한 농사 도구 덕분에 수확하는 곡식의 양이 늘어났어.

☑️ 농사 도구의 발달로 한 사람이 농사지을 수 있는 땅이 ❷(넓어 / 좁아)지고 수확하는 곡식의 양도 늘었습니다.

정답 ❶ 돌 ❷ 넓어

🐼 **개념 체크**

◦ 정답과 풀이 5쪽

1 돌괭이는 □로 만든 농사 도구입니다.

2 오늘날에는 땅을 갈 때 □□□를 사용합니다.

3 농사 도구의 발달로 수확하는 곡식의 양이 □□했습니다.

보기
• 돌   • 철
• 트랙터   • 탈곡기
• 감소   • 증가

1 돌괭이에 대한 설명으로 알맞은 것을 두 가지 고르시오. (,   )

① 철로 만들었다.

② 소를 이용한 농사 도구이다.

③ 오늘날에 주로 사용하는 농사 도구이다.

④ 땅을 갈아 논이나 밭을 만드는 데 사용했다.

⑤ 긴 나무 막대기 끝에 뾰족한 돌을 묶어 만들었다.

2 다음 도구의 공통적인 쓰임새는 무엇입니까? (   )

| • 철로 만든 괭이 | • 쟁기 | • 트랙터 |

① 땅을 갈 때 사용한다.

② 집을 지을 때 사용한다.

③ 제사를 지낼 때 사용한다.

④ 물고기를 잡을 때 사용한다.

⑤ 곡식을 수확할 때 사용한다.

3 다음 농사 도구는 무엇인지 보기 에서 찾아 쓰시오.

보기
| • 쟁기 | • 트랙터 | • 탈곡기 | • 콤바인 | • 돌괭이 |

(1)

(   )

(2)

(   )

(3)

(   )

4 다음 곡식을 수확하는 도구를 발달한 순서대로 기호를 쓰시오.

| ㉠ 탈곡기 | ㉡ 수확기 | ㉢ 반달 돌칼 | ㉣ 철로 만든 낫 |

(   ) → (   ) → (   ) → (   )

5 농사 도구가 발달하면서 달라진 사람들의 생활 모습으로 알맞은 것을 두 가지 고르시오.

(,   )

① 농사를 짓는 데 힘이 더 든다.
② 수확하는 곡식의 양이 늘어났다.
③ 재배할 수 있는 곡식의 종류가 줄어들었다.
④ 한 사람이 농사지을 수 있는 땅이 넓어졌다.
⑤ 곡식을 거두어들이는 데 시간이 더 오래 걸린다.

똑똑한 **하루 퀴즈**

6 다음 세 고개 퀴즈와 관련 있는 농사 도구는 무엇인지 글자 카드에서 찾아 쓰세요.

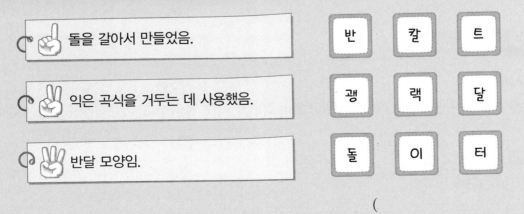

돌을 갈아서 만들었음.

익은 곡식을 거두는 데 사용했음.

반달 모양임.

반	칼	트
괭	랙	달
돌	이	터

(   )

🐰 떡 만들기!

🐹 용어 체크

📍 시루

떡 등을 찔 때 사용하는 바닥에 구멍이 뚫려 있는 그릇

예 떡을 찌고 있는 **①** [　　　　] 에서 김이 모락모락 났다.

📍 가마솥

아주 크고 가운데가 좀 둥글게 깊숙한 솥

예 무거운 철로 만든 **②** [　　　　] 을 사용하면서 골고루 익은 밥을 지을 수 있게 되었다.

정답 ① 시루　② 가마솥

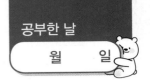
🐻 옷을 만들어 볼까?

2
주

랄프 형! 뭐 해?

가락바퀴로 실을 만들고 있어.

나중에는 ♥**베틀**을 만들어 실로 옷감을 만들 거야.

옷감? 가락바퀴로 실 한 가닥 만드는 것도 오래 걸리잖아.

그리고 옷감을 바느질해 드레스를 만들어 선물할 거야.

♥**재봉틀**이 없어서 바느질도 오래 걸릴 것 같은데.

손바느질이 더 정성스러운 법!

드레스를 만들어서 누구한테 선물하려고?

그건 비밀!

말 안 해도 알 것 같아.

아이잉~

🐼 용어 체크

♀ 베틀

실로 옷감을 짜는 기구

예 옛날에는 ❶ [   ] 을 사용해 식물에서 얻은 실로 옷감을 만들었다.

♀ 재봉틀

바느질을 하는 기계

예 옷감을 ❷ [   ] 로 촘촘히 박았다.

개념 동영상

1 음식을 만드는 도구의 발달로 달라진 사람들의 생활 모습을 알아볼까?

토기

물과 조개를 넣고 끓여 따뜻한 국물이 있는 음식을 만들었음.

시루

바닥의 구멍에서 올라오는 뜨거운 김으로 생선이나 떡을 쪄서 먹었음.

솥 안의 뜨거운 김이 빠져나가지 못하기 때문에 쌀이 골고루 익을 수 있어.

가마솥

철로 만든 무거운 솥뚜껑을 덮어 쌀을 골고루 익혀 먹었음.

전기밥솥

전기밥솥을 사용해 **쉽고 빠르게** 밥을 지어 먹음.

☑ 사람들은 음식을 ❶(편리 / 불편)하고 다양하게 만들어 먹을 수 있게 되었습니다.

2 옷을 만드는 도구의 발달로 달라진 사람들의 생활 모습을 알아볼까?

가락바퀴

가락바퀴로 식물의 줄기를 꼬아서 실을 만들었음.

베틀

베틀에 실을 올려 놓고 서로 엮어서 옷감을 만들었음.

오늘날에는 방직기와 재봉틀을 이용해 옷을 만들어.

방직기

기계를 이용해 다양한 **옷감**을 빠르고 편리하게 만듦.

재봉틀

재봉틀을 이용해 빠르고 정확하게 **바느질**을 할 수 있음.

☑ 사람들은 다양한 종류의 옷을 쉽고 ②(빠르게 / 느리게) 만들 수 있게 되었습니다.

정답 ❶ 편리 ❷ 빠르게

개념 체크

○ 정답과 풀이 6쪽

1 옛날에는 ☐☐에 국물이 있는 음식을 만들어 먹었습니다.

2 쉽고 빠르게 밥을 지을 수 있는 도구는 ☐☐☐☐입니다.

3 바느질을 하는 도구는 ☐☐☐입니다.

보기
• 토기　　• 시루
• 전기밥솥　• 가락바퀴
• 방직기　　• 재봉틀

[1~2] 다음 생활 도구를 보고, 물음에 답하시오.

ㄱ  ㄴ  ㄷ

1 위 생활 도구에 대해 바르게 말한 어린이는 누구입니까? ( )

① 진영 : ㄴ은 토기야.

② 다빈 : ㄱ은 가마솥이야.

③ 지후 : ㄴ은 전기를 이용해.

④ 서연 : ㄱ에는 국물이 있는 음식을 만들지 못해.

⑤ 민욱 : ㄷ은 바닥의 구멍에서 올라오는 뜨거운 김으로 음식을 찌는 도구야.

2 다음에서 설명하는 도구를 위에서 찾아 기호를 쓰시오.

> 철로 만든 무거운 솥뚜껑을 덮어 쌀을 골고루 익혔습니다.

( )

3 옛날 사람들이 식물의 줄기를 꼬아 실을 만들 때 사용한 도구는 무엇입니까? ( )

① 베틀   ② 방직기   ③ 돌괭이

④ 가락바퀴   ⑤ 반달 돌칼

4 오른쪽 생활 도구의 발달로 달라진 생활 모습은 어느 것입니까? (   )

① 식물의 줄기로 실을 만들게 되었다.

② 만들 수 있는 옷의 종류가 줄어들게 되었다.

③ 다양한 옷감을 빠르게 만들 수 있게 되었다.

④ 옷을 만드는 데 시간이 오래 걸리게 되었다.

⑤ 빠르고 정확하게 바느질을 할 수 있게 되었다.

▲ 재봉틀

집중 연습 문제 음식을 만드는 도구의 발달과 생활 모습의 변화

[5~6] 다음 자료를 보고, 물음에 답하시오.

제시된 생활 도구는 주로 어떤 음식을 만들 때 사용하는지 써 볼까?

5 위 음식을 만드는 도구의 이름은 무엇인지 보기 에서 찾아 쓰시오.

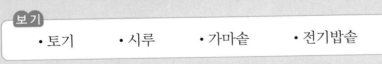

보기
• 토기   • 시루   • 가마솥   • 전기밥솥

(   )

6 위 음식을 만드는 도구의 발달로 달라진 사람들의 생활 모습에 ○표를 하시오.

(1) 만들어 먹을 수 있는 음식의 종류가 줄어들었습니다.

(   )

(2) 전기를 이용해 쉽고 빠르게 밥을 지을 수 있게 되었습니다.

(   )

음식을 만드는 도구가 발달하면 어떤 점이 좋을까?

4일 집의 변화와 사람들의 생활 모습

우리 조상들은 겨울에 추위를 어떻게 이겨 냈을까?

용어 체크

온돌

방바닥 아래에 넓은 돌(구들장)을 여러 개 놓고 이 돌을 따뜻하게 데우는 난방 방법

예 조상들은 [①   ]을 사용해 추운 겨울을 따뜻하게 보냈다.

아궁이

방이나 솥 등에 불을 때기 위하여 만든 구멍

예 땔감을 [②   ]에 넣었다.

정답 ❶ 온돌 ❷ 아궁이

만화로 재미있게 **개념** 쏙쏙! **용어** 쑥쑥!

2주

조상들이 뒷간에 숨겨 둔 보물은 무엇일까?

🐼 용어 체크

뒷간
옛날 사람들이 화장실을 부르던 말

예 우리 조상들에게 [①_____]은 거름을 만드는 중요한 장소였다.

거름
식물이 잘 자라도록 땅을 기름지게 하기 위하여 주는 물질

예 나무와 꽃이 잘 자라도록 [②_____]을 주었다.

정답 ① 뒷간 ② 거름

1 사람들이 사는 집의 모습이 어떻게 변화했는지 살펴볼까?

동굴

옛날 사람들은 먹을거리를 찾아 이동 생활을 했기 때문에 동굴이나 바위 그늘에서 살았음.

움집

농사를 짓기 시작하면서 땅을 파고 기둥을 세워 그 위에 풀과 짚을 덮은 움집을 짓고 한곳에 모여 살았음.

초가집

농사를 짓던 사람들은 나무와 흙, 볏짚으로 만든 초가집에 살았음.

귀틀집

땅을 파지 않고 통나무를 네모 모양으로 쌓아 그 사이에 진흙을 발라 만들었음.

기와집

기와지붕은 튼튼하고 불에 타지 않으며 썩지도 않았어.

흙을 구워 만든 **기와**로 지붕을 덮어 만들었음.

아파트

여러 층으로 높게 지어 좁은 땅에 많은 사람이 살 수 있어.

오늘날에는 많은 사람들이 **시멘트**와 **철근**으로 지은 아파트에 살고 있음.

☑️ 동굴에 살던 사람들은 점차 움집, 초가집 등을 지었으며, 오늘날에는 많은 사람들이 ❶(기와집 / 아파트)에서 삽니다.

개념 동영상

2 집의 변화로 달라진 사람들의 생활 모습을 살펴볼까?

움집

집 가운데에 불을 피워 따뜻하게 지낼 수 있었어.

하나의 **방**에서 도구를 손질하고 음식을 만들어 먹었음.

초가집

마당에서 동물을 기르거나 농사와 관련된 일을 했어.

방, 마루, 부엌, 화장실, 헛간 등을 용도에 맞게 나누어 사용했음.

기와집

안채

사랑채

사랑채에서 남자들은 글공부를 하거나 손님을 맞이했어.

집의 **안채**에서는 주로 여자들이, **사랑채**에서는 남자들이 머물렀음.

아파트

거실에 온 가족이 모여 이야기를 나누기도 해.

거실과 주방이 연결되어 있고 화장실이 집 안에 있음.

☑ 오늘날에는 주방과 화장실이 집 ②(안 / 밖)에 있어 겨울에도 편리하게 사용할 수 있습니다.

정답 ❶ 아파트 ❷ 안

개념 체크

○ 정답과 풀이 6쪽

1 농사짓기를 시작하면서 사람들은 ☐☐을 짓고 모여 살았습니다.

2 통나무를 네모 모양으로 쌓아 만든 집은 ☐☐☐입니다.

3 안채와 사랑채가 구분되어 있는 집은 ☐☐☐입니다.

보기
• 동굴   • 움집
• 귀틀집 • 아파트
• 기와집 • 초가집

1 먹을거리를 찾아 이동 생활을 했던 사람들이 살았던 곳은 어디입니까? (   )

① 동굴   ② 귀틀집   ③ 초가집
④ 기와집   ⑤ 아파트

2 다음에서 설명하는 집을 바르게 쓴 어린이를 쓰시오.

> 농사를 짓던 사람들이 나무와 흙, 볏짚으로 만든 집

▲ 지현

▲ 서진

▲ 한나

(   )

3 오른쪽 집에 대한 설명으로 알맞은 것은 어느 것입니까?
(   )

① 여러 층으로 높게 지었다.
② 시멘트와 철근으로 지었다.
③ 오늘날 많은 사람이 사는 집이다.
④ 흙을 구워 만든 기와로 지붕을 덮었다.
⑤ 통나무를 네모 모양으로 쌓아 만들었다.

▲ 귀틀집

4 오른쪽은 어떤 집에 살던 사람들의 생활 모습인지 [보기]에서 찾아 쓰시오.

> [보기]
> • 움집   • 초가집   • 기와집   • 아파트

(   )

5 기와집에 사는 사람들의 생활 모습으로 알맞은 것은 어느 것입니까? (   )

① 온 가족이 같이 식사를 준비했다.

② 하나의 방에서 잠을 자고 음식을 해 먹었다.

③ 집 가운데에 불을 피워 음식을 만들어 먹었다.

④ 화장실이 집 안에 있어 겨울에도 편리하게 이용할 수 있었다.

⑤ 안채에서는 대부분 여자들이 생활했고, 사랑채에서는 남자들이 글공부를 했다.

똑똑한 하루 퀴즈

6 다음 ㉠, ㉡에 들어갈 단어에 적힌 숫자가 비밀번호의 뒷자리예요. 비밀번호를 맞혀 보세요.

> 한곳에 모여 자리를 잡고 살기 시작한 사람들은 ㉠ 을/를 파서 기둥을 세우고 그 위에 풀과 짚을 덮어 ㉡ 을/를 만들었습니다.

땅 5   아파트 2   하천 0   움집 9

1   3

1 자연에서 얻은 도구를 사용하던 옛날의 생활 모습

옛날 사람들은 자연에서 얻은 돌과 나무 등을 생활 도구로 사용했어.

돌을 깨뜨려서 도구를 만들던 시대	돌을 갈아서 도구를 만들던 시대
• 주로 동굴이나 바위 그늘에서 살았음. • 열매를 따거나 동물을 사냥해 먹을거리를 얻었음. • 가죽 등으로 옷을 만들었음.	• 먹을거리가 풍부한 강가나 해안가에 모여 살았음. • 농사지어 곡식을 얻었음. • 흙으로 그릇을 만들었음. • 가축을 길렀음.

▲ 주먹도끼

▲ 빗살무늬 토기

2 새로운 도구를 만들어 사용하던 옛날의 생활 모습

청동으로 도구를 만들어 사용하던 시대	• 청동은 주로 무기나 장신구, 제사를 지내는 도구로 쓰였음. • 일상생활과 농사지을 때에는 돌과 나무로 만든 도구를 사용했음.
철로 도구를 만들어 사용하던 시대	• 철로 만든 농사 도구를 사용하면서 농업은 크게 발달했음. • 철로 만든 무기를 가진 사람들은 전쟁에서 쉽게 이길 수 있었음.

3 농사 도구의 발달과 생활 모습의 변화

철로 만든 농사 도구는 돌로 만든 농사 도구보다 날카롭고 튼튼했어.

농사 도구의 발달	• 땅을 가는 도구 : 돌괭이 ➡ 철로 만든 괭이 ➡ 쟁기 ➡ 트랙터 • 곡식을 수확하는 도구 : 반달 돌칼 ➡ 철로 만든 낫 ➡ 탈곡기 ➡ 수확기
생활 모습의 변화	• 농기계를 사용해서 쉽고 편리하게 농사짓게 되었음. • 한 사람이 농사지을 수 있는 땅이 넓어지고 수확하는 곡식의 양이 늘어났음.

4 음식과 옷을 만드는 도구의 발달과 생활 모습의 변화

음식을 만드는 도구의 발달과 생활 모습의 변화	• 토기 ➡ 시루 ➡ 가마솥 ➡ 전기밥솥 순으로 발달함. • 사람들은 음식을 편리하고 다양하게 만들 수 있게 되었음.
옷을 만드는 도구의 발달과 생활 모습의 변화	• 가락바퀴 ➡ 베틀 ➡ 방직기, 재봉틀 순으로 발달함. • 다양한 종류의 옷을 쉽고 빠르게 만들 수 있게 되었음.

5 집의 변화와 사람들의 생활 모습

옛날에는 풀, 나무, 돌 등으로 집을 지었지만 오늘날에는 철근, 시멘트 등을 주로 사용해.

동굴이나 바위 그늘

이동 생활을 하며 동굴에서 살았음.

움집

농사를 지으면서 움집을 짓고 한곳에 모여 살았음.

귀틀집

통나무를 네모 모양으로 쌓아 만들었음.

아파트

거실과 주방이 연결되어 있고 화장실이 안에 있음.

기와집

안채
사랑채

안채에는 여자들이, 사랑채에는 남자들이 머물렀음.

초가집

볏짚을 엮어 지붕을 덮은 집을 만들었음.

2주

🔔 ○ 📶 ‖‖100%

귀틀집과 비교했을 때 초가집은 어떤 점이 달라졌을까?

귀틀집은 마루가 없었는데 초가집은 마루가 있어서 여름에 시원하게 보낼 수 있었지.

또 초가집은 습기와 차가움을 피하려고 방이 땅으로부터 떨어지도록 지었어.

 그렇구나. 시간이 흐르면서 집의 공간도 넓어지고 생활하기 좋아졌어.

1일 옛날의 생활 모습

1 다음과 같은 생활을 하던 사람들이 사용한 도구는 어느 것입니까? (   )

> 주로 동굴에 살면서 열매를 따거나 동물을 사냥해 먹을거리를 얻었습니다.

① 청동 검
② 청동 방울
③ 주먹도끼
④ 청동 거울
⑤ 철로 만든 칼

서술형

2 다음 도구를 사용했던 시대의 생활 모습을 한 가지만 쓰시오.

▲ 빗살무늬 토기

▲ 뼈로 만든 낚시 도구

_____

_____

3 철로 도구를 만들기 시작하면서 달라진 생활 모습은 어느 것입니까? (   )

① 사람들이 흙으로 만든 그릇을 사용하기 시작했다.
② 사람들이 농사를 지으며 한곳에 모여 살기 시작했다.
③ 동물의 뼈로 만든 낚시 도구로 물고기를 잡기 시작했다.
④ 철로 만든 농사 도구를 사용하면서 농업이 발달하지 못했다.
⑤ 철로 만든 무기를 가진 사람들이 전쟁에서 쉽게 이길 수 있었다.

o 정답과 풀이 7쪽

2일 농사 도구의 발달

4 다음 땅을 가는 도구를 발달한 순서대로 기호를 쓰시오.

> ㉠ 쟁기　　　　㉡ 돌괭이　　　　㉢ 트랙터　　　　㉣ 철로 만든 괭이

(　　　) → (　　　) → (　　　) → (　　　)

5 반달 돌칼에 대한 설명으로 알맞은 것을 두 가지 고르시오. (　 , 　)

① 철로 만든 농사 도구이다.

② 돌을 갈아서 날카롭게 만들었다.

③ 익은 곡식을 거두는 데 사용했다.

④ 오늘날까지 널리 사용되는 농사 도구이다.

⑤ 긴 나무 막대기 끝에 뾰족한 돌을 묶어 만들었다.

6 다음과 같은 농사 도구의 발달로 달라진 생활 모습은 무엇입니까? (　　　)

▲ 트랙터

▲ 수확기(콤바인)

① 농사를 짓는 데 힘이 더 든다.

② 소를 이용해 농사를 짓게 되었다.

③ 예전보다 편리하게 농사를 지을 수 있다.

④ 한 사람이 농사지을 수 있는 땅이 좁아졌다.

⑤ 수확하는 곡식의 양이 이전보다 줄어들었다.

3일 음식과 옷을 만드는 도구의 발달

7 다음 음식을 만드는 도구의 발달로 달라진 사람들의 생활 모습을 선으로 연결하시오.

(1) 토기 ·

· ㉠ 쉽고 빠르게 밥을 지어 먹을 수 있게 되었음.

(2) 시루 ·

· ㉡ 뜨거운 김으로 음식을 쪄 먹을 수 있게 되었음.

(3) 전기밥솥 ·

· ㉢ 따뜻한 국물이 있는 음식을 먹을 수 있게 되었음.

8 다음 중 빠르고 정확하게 바느질을 할 수 있는 도구를 찾아 ○표를 하시오.

(1)

▲ 가락바퀴

( )

(2)

▲ 방직기

( )

(3)

▲ 재봉틀

( )

9 실을 올려 놓고 서로 엮어서 옷감을 만들었던 오른쪽 도구는 무엇인지 쓰시오.

( )

10 다음 설명에 해당하는 집을 보기에서 찾아 기호를 쓰시오.

> **보기**
>
> ㉠ 움집   ㉡ 초가집   ㉢ 아파트   ㉣ 귀틀집

(1) 통나무를 네모 모양으로 쌓아 올렸습니다. (   )

(2) 집 가운데에 불을 피우고 음식을 했습니다. (   )

(3) 볏짚을 엮어 지붕을 만들었고, 마당에서 농사와 관련된 일을 했습니다. (   )

11 오른쪽 집에 사는 사람들의 생활 모습으로 알맞은 것은 어느 것입니까? (   )

① 화장실이 집 밖에 있어 불편하다.

② 아궁이에 땔감을 넣어 불을 피운다.

③ 여자들은 대부분 안채에서 생활한다.

④ 온 가족이 거실에서 이야기를 나눈다.

⑤ 남자들은 사랑채에 머물며 글공부를 한다.

▲ 아파트

12 다음에서 설명하는 집은 무엇인지 말 상자에서 찾아 모두 ○표를 하세요.

❶ 볏짚을 엮어 지붕을 만든 집

❷ 흙으로 만든 기와로 지붕을 덮은 집

❸ 시멘트와 철근으로 여러 층으로 높게 지은 집

❹ 땅을 파서 기둥을 세우고 그 위에 풀과 짚을 덮어 만든 집

움	☆	초	돌	아
집	귀	가	☆	파
☆	동	집	뒤	트
온	굴	☆	헛	간
틀	기	와	집	☆

1 다음 그림과 같은 생활을 하던 사람들이 사용한 도구는 어느 것입니까? (   )

① 베틀
② 트랙터
③ 재봉틀
④ 전기밥솥
⑤ 빗살무늬 토기

2 농업이 크게 발달하는 데 영향을 끼친 도구는 어느 것입니까? (   )

① 청동 검
② 청동 방울
③ 청동 거울
④ 철로 만든 갑옷
⑤ 철로 만든 농사 도구

3 곡식을 수확하는 도구에 ○표를 하시오.

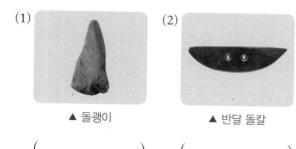

(1) ▲ 돌괭이
(2) ▲ 반달 돌칼

(   )   (   )

4 가장 발달한 농사 도구를 사용하는 모습은 어느 것입니까? (   )

①
▲ 쟁기

②
▲ 트랙터

③
▲ 철로 만든 괭이

④
▲ 철로 만든 낫

5 다음에서 설명하는 도구는 무엇입니까?
(   )

바닥의 구멍으로 뜨거운 김이 올라와 안에 있는 음식을 익혀 줍니다.

①
▲ 토기

②
▲ 시루

③
▲ 가마솥

④
▲ 전기밥솥

6 가마솥에 대한 설명으로 알맞은 것은 어느 것입니까? (   )

① 나무로 만들었다.

② 전기를 연결해서 사용한다.

③ 국물이 있는 음식은 만들 수 없다.

④ 바닥의 구멍으로 뜨거운 김이 올라온다.

⑤ 무거운 솥뚜껑을 덮어 쌀이 골고루 익을 수 있다.

8 다음 집은 무엇인지 보기 에서 찾아 쓰시오.

보기
• 움집   • 기와집   • 초가집

(1)   (2)

(   )   (   )

9 다음에서 설명하는 집은 무엇입니까? (   )

시멘트와 철근으로 지었으며 여러 층으로 만들어 높게 지었기 때문에 좁은 땅에 많은 사람이 함께 살 수 있습니다.

① 움집   ② 귀틀집

③ 초가집   ④ 기와집

⑤ 아파트

7 다음과 같은 좋은 점이 있는 도구는 무엇입니까? (   )

다양한 옷감을 빠르고 편리하게 만들 수 있습니다.

①
▲ 가락바퀴

②
▲ 베틀

③
▲ 방직기

④
▲ 재봉틀

10 초가집에 대한 설명으로 알맞은 것은 어느 것입니까? (   )

① 화장실이 방 안에 있었다.

② 기와로 지붕을 만든 집이다.

③ 나무와 흙, 볏짚으로 만들었다.

④ 지붕을 바꾸지 않고 오래 쓸 수 있다.

⑤ 안채와 사랑채 등으로 구성되어 있다.

2주특강 생활 속 **사회**

사람들이 사는 집의 변화 모습을 알아봅니다.

사람들이 사는 집의 변화

우리가 살고 있는 집의 모습과 다르네.

집의 모습은 계속 변화해 왔어. 사람들이 처음 모여 살았던 곳은 동굴이야.

먹을 것을 찾아 옮겨 다녔기 때문에 집을 짓지 않았지.

농사를 짓기 시작하면서 움집을 짓고 한곳에 모여 살기 시작했어.

시간이 흐르자 초가집과 기와집을 지었어.

초가집은 볏짚이 썩기 쉬워 매년 지붕을 새로 덮어야 했지만 기와는 썩지 않아 좋았어.

요즘 아파트는 철근과 시멘트로 튼튼하게 짓잖아. 좁은 땅에 많은 사람이 모여 살 수도 있고.

조아 씨와 함께라면 어떤 집이든 상관없어.

아이잉

어떤 집인지 모르겠지만 너무 행복해 보여.

시간이 흐르면서 집의 공간도 넓어지고 더 튼튼해졌네.

랄프 형은 어떤 집에 살고 싶어?

하하

1 다음 집의 이름과 설명을 알맞게 선으로 이으세요.

기와집

움집

아파트

땅을 파서 기둥을 세우고 그 위에 풀과 짚을 덮어 만들었음.

기와로 지붕을 덮은 집으로, 안채와 사랑채 등으로 구성되어 있음.

시멘트와 철근으로 지은 집으로, 여러 층으로 나누어 높게 지었음.

사고 쑥쑥

농사 도구의 변화로 달라진 사람들의 생활 모습을 알아봅니다.

2 자연이와 나라는 다음과 같이 농사 도구의 발달 모습을 찾아봤어요.

(1) 사람들이 사용하는 농사 도구가 발달한 순서대로 번호를 써 보세요.

(   ) → (   ) → (   ) → (   )

(2) 농사 도구의 발달로 달라진 사람들의 생활 모습을 <u>잘못</u> 말한 사람을 쓰세요.

▲ 나라   ▲ 자연   ▲ 랄프

(   )

3 나라와 자연이가 옷을 만드는 도구의 발달 과정을 조사하고 있어요.

> 옛날 사람들은 ⑤ 로 식물의 줄기를 꼬아서 실을 만들었대.

> 베틀로 옷감을 만들게 되었고,

> 요즘은 방직기로 옷감을 편리하게 만들어.

> 또 ⑥ 로 빠르고 정확하게 바느질을 할 수 있게 되었구나.

(1) 위 ⑤에 들어갈 옷을 만드는 도구에 ◯표를 하세요.

▲ 동물의 뼈로 만든 낚시 도구

▲ 청동 거울

▲ 가락바퀴

(2) 위 ⑥에 들어갈 옷을 만드는 도구를 사용하는 모습으로 알맞은 것의 기호를 쓰세요.

㉮

㉯

㉰

( )

2주 특강

논리 탄탄

비밀번호를 풀어 보며, 옛날 사람들이 사용했던 도구에 대해 알아봅니다.

4 다음 힌트를 보고, 선물 상자를 열 수 있는 비밀번호를 맞혀 보세요.

힌트!

▶ 다음 □ 안에 들어갈 글자 카드에 적힌 숫자를 순서대로 누르시오.

손에 쥐고 쓸 수 있는 □□□□는 동물을 사냥하거나 동물의 털과 가죽을 분리할 때 사용한 도구입니다.

| 먹 1 | 빗 2 | 주 3 | 끼 4 | 도 5 | 살 6 |

비밀번호

컴퓨터의 표현 방법인 픽셀을 생각해 보며, 음식을 만드는 도구의 발달 과정을 알아봅니다.

5 다음은 음식을 만드는 도구의 발달 과정에 관한 카드입니다. 바른 설명이 적힌 카드의 숫자를 찾아 네모 칸을 색칠해 나온 글자는 무엇인지 써 보세요.

1 토기로 밥을 지으면 쌀이 골고루 익었음.

2 시루로 생선이나 떡을 쪄서 먹었음.

3 전기밥솥을 사용하면 쉽게 밥을 할 수 있음.

4 음식을 만드는 도구는 가마솥 → 토기 → 전기밥솥 → 시루 순으로 발달했음.

5 음식을 만드는 도구가 발달하면서 다양한 음식을 편리하게 만들어 먹을 수 있게 되었음.

1	1	1	1	1	1	4	4	4	4	4
1	2	2	2	1	1	4	4	4	4	5
1	2	1	1	1	1	3	3	3	4	5
1	2	2	2	1	1	4	4	3	4	5
1	2	1	1	1	1	4	4	3	4	5
1	2	2	2	1	1	4	4	3	4	5
1	1	3	1	1	1	4	4	3	4	5
3	3	3	3	3	1	4	4	4	4	5
1	1	1	1	1	1	4	4	4	4	4

(   )

우리 조상들은 명절 때뿐만 아니라 계절에 따라 여러 가지 세시 풍속을 즐겼어.

▲ 단오에 행해진 세시 풍속

▲ 옛날의 설날 세시 풍속 : 신발을 방 안에 두기

씨름과 그네뛰기

창포물에 머리 감기

단오

강강술래

송편 먹기

추석

세시 풍속

옛날부터 전해 내려오는 세시 풍속은 시간이 흐르면서 많이 바뀌었어.

변화

옛날의 설날

오늘날의 설날

▲ 추석에 행해진 세시 풍속

▲ 오늘날의 설날 세시 풍속 : 민속촌에 가서 전통 놀이 체험하기

옛날부터 이어져 온 다양한 세시 풍속을 살펴보고, 세시 풍속이 달라진 까닭도 알아볼까?

3주에는 무엇을 공부할까? ❷

명절

名 節
이름 **명** 마디 **절**

명절에는 고향을 찾아가요.

뜻 해마다 일정하게 지키어 즐기거나 기념하는 때

예 **명절**에는 다양한 계절 음식으로 차례상을 차리고 음식을 나누어 먹는다.

세시 풍속

歲 時
해 **세** 때 **시**
風 俗
풍속 **풍** 풍속 **속**

뜻 해마다 일정한 시기에 되풀이하여 행해 온 고유의 풍속

예 우리나라의 대표적인 명절인 설날에는 어른들께 세배를 하는 **세시 풍속**이 있다.

매년 같은 시기에 반복되는 날을 세시라고 하는데, 대표적인 세시로는 명절이 있어.

정월 대보름

정월 대보름에는 쥐불놀이를 해요.

뜻 음력으로 새해 첫 둥근 보름달이 뜨는 날

예 **정월 대보름**에는 풍년을 기원하며 오곡밥을 먹고, 건강을 빌며 부럼을 깨물었다.

한 식

寒 食
찰 **한** 먹을 **식**

뜻 '차가운 음식을 먹는 날'이라는 의미를 지닌 명절로, 동지에서 105일째 되는 날
4월 5일이나 6일쯤이 됨.

예 씨를 뿌리는 시기인 **한식**이 되면 한 해 농사가 잘 되기를 기원하며 조상들의 산소에 성묘를 했다.

정월 대보름, 한식, 단오, 추석, 동지는 우리나라의 명절이야. 각 명절과 관련된 세시 풍속 용어들도 함께 기억해!

단오

端 午
처음 단   다섯 오

뜻 음력 5월 5일로, 여자들은 그네를 뛰며 남자들은 씨름을 즐기는 풍속이 있던 명절

예 단오에는 나쁜 기운을 쫓으려고 창포의 잎과 뿌리를 삶은 창포물에 머리를 감았다.

여름을 시원하게 지내라는 의미로 단오에 서로 부채를 주고받기도 했대.

추석

秋 夕
가을 추   저녁 석

뜻 음력 8월 15일로, 조상에게 차례를 지내고 성묘를 하는 명절

예 추석에는 건강과 풍요를 기원하며 송편과 토란국을 만들어 먹었다.
→ 매우 많아 넉넉함.

동지

冬 至
겨울 동   이를 지

뜻 일 년 중 낮이 가장 짧고 밤이 가장 긴 날로, 한 해를 마무리하고 새해를 맞이하는 명절

예 우리나라에서는 예부터 동지에 팥죽을 쑤어 먹는 풍속이 있다.

추석의 세시 풍속 중 하나는 강강술래구나.

형! 강강술래는 유네스코 세계 무형 유산으로 지정된 민속놀이야.

빙빙~

세시 풍속

🐰 **함께 보내는 즐거운 명절!**

🐻 **용어 체크**

📍명절

해마다 일정하게 지키어 즐기거나 기념하는 때

예 우리나라의 [**①**] 에는 설날, 추석, 단오, 동지 등이 있다.

📍차례

설날이나 추석 같은 명절에 조상에게 올리는 제사

신령이나 죽은 조상의 혼에게 음식을 차려 놓고 절을 하며 기리는 의식

예 이번 설날에도 가족들이 정성스럽게 준비한 음식으로 [**②**] 를 지냈다.

정답 ① 명절 ② 차례

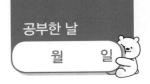
 추석 세시 풍속 체험에 나선 랄프!

 용어 체크

추석

우리나라의 대표적인 명절로, 음력 8월 15일임.

예 한가위라고도 하는 ① 에는 송편과 토란국을 만들어 먹었다.

성묘

조상의 산소를 찾아가서 돌보는 일

예 이번 추석에 우리 가족은 ② 를 하러 할아버지의 산소를 찾았다.

정답 ① 추석 ② 성묘

1 명절에는 어떤 일을 할까?

설날 ─ 정월 대보름 ─ 한식 ─ 단오 ─ 추석 ─ 동지

명절 중
설날과 추석에
주로 하는 일

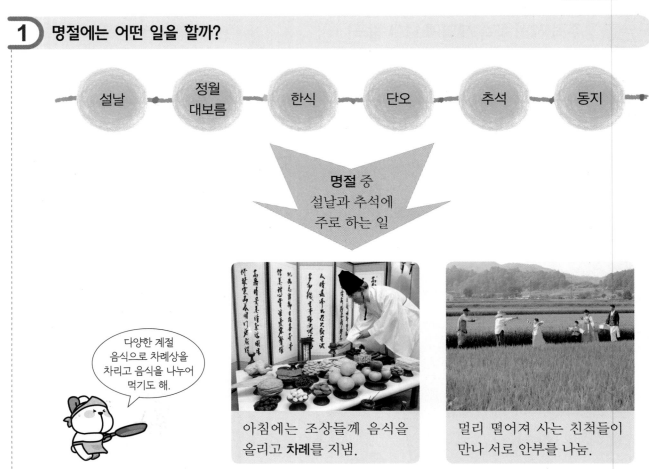

다양한 계절
음식으로 차례상을
차리고 음식을 나누어
먹기도 해.

아침에는 조상들께 음식을
올리고 **차례**를 지냄.

멀리 떨어져 사는 친척들이
만나 서로 안부를 나눔.

☑ 설날, 추석과 같은 명절날 아침에는 ❶(조상 / 후손)들께 **차례**를 지냅니다.

2 세시 풍속이란 무엇일까?

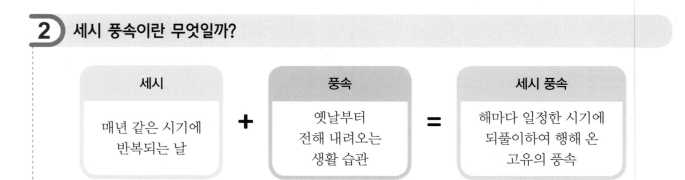

세시		풍속		세시 풍속
매년 같은 시기에 반복되는 날	**+**	옛날부터 전해 내려오는 생활 습관	**=**	해마다 일정한 시기에 되풀이하여 행해 온 고유의 풍속

☑ 명절날에 하는 일과 놀이, 먹는 음식, 입는 옷과 같이 해마다 일정한 시기에 되풀이하여 행해 온 고유의
풍속을 세시 풍속이라고 합니다.

3 어떤 세시 풍속이 있었을까? 예 추석

정성스럽게 준비한 음식으로 차례를 지냄.

친척들과 강강술래를 함.

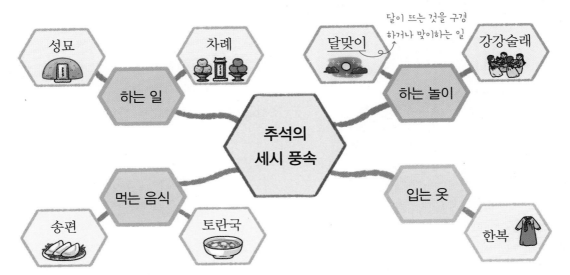

성묘

차례

달맞이

달이 뜨는 것을 구경하거나 맞이하는 일

강강술래

하는 일

하는 놀이

추석의 세시 풍속

먹는 음식

입는 옷

송편

토란국

한복

☑ 추석에는 성묘를 하고, 주로 ❷(강강술래 / 연날리기) 등의 놀이를 합니다.

정답 ❶ 조상 ❷ 강강술래

🐼 개념 체크

○ 정답과 풀이 9쪽

1 설날과 추석은 우리나라의 대표적인 ☐☐입니다.

2 옛날부터 전해 내려오는 생활 습관을 ☐☐(이)라고 합니다.

3 추석에는 주로 ☐☐을 만들어 먹습니다.

보 기
- 계절
- 명절
- 세시
- 풍속
- 송편
- 팥죽

1 다음 중 우리나라의 명절이 <u>아닌</u> 것은 어느 것입니까? (   )

① 설날　　　　　　② 단오　　　　　　③ 추석

④ 어린이날　　　　⑤ 정월 대보름

2 명절에 하는 일 중 다음 사진과 관련 있는 것을 보기 에서 찾아 기호를 쓰시오.

보기
㉠ 전통 놀이를 체험합니다.
㉡ 조상들께 차례를 지냅니다.
㉢ 조상들의 산소에 성묘를 합니다.
㉣ 친척들을 만나 안부를 나눕니다.

(   )

3 다음 ☐ 안에 들어갈 알맞은 말은 어느 것입니까? (   )

명절날에 하는 일과 놀이, 먹는 음식, 입는 옷과 같이 해마다 일정한 시기에 되풀이하여 행해 온 고유의 풍속을 ☐ (이)라고 합니다.

① 세시　　　　　　② 명절　　　　　　③ 차례

④ 절기　　　　　　⑤ 세시 풍속

4 추석에 강강술래를 하는 모습을 찾아 기호를 쓰시오.

ㄱ  ㄴ  ㄷ

( )

5 추석에 주로 먹는 음식을 두 가지 고르시오. (,)

① 떡국   ② 송편   ③ 팥죽

④ 닭백숙   ⑤ 토란국

 똑똑한 하루 퀴즈

6 다음 네 고개 퀴즈의 정답을 쓰세요.

 우리나라의 대표적인 명절 중 하나예요.

 정성스럽게 음식을 준비해 차례를 지내요.

 달맞이를 하며 소원을 빌기도 해요.

 음력 8월 15일로, 한가위라고도 해요.

정답

옛날의 세시 풍속

왜 정월 대보름에는 딱딱한 열매를 깨물었을까?

용어 체크

음력

달의 모양 변화를 기준으로 하여 한 달의 날짜를 세는 방법

예 추석은 [①] 8월 15일 이다.

부럼

정월 대보름날 이른 아침에 한 해의 건강을 비는 뜻에서 먹는 호두, 땅콩 등의 딱딱한 열매

예 지금까지 이어져 오는 정월 대보름의 대표적인 세시 풍속으로 [②] 깨물기가 있다.

정답 ❶ 음력 ❷ 부럼

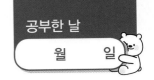
 랄프의 단오 체험!

 용어 체크

◊ 단오

음력 5월 5일로, 우리나라 명절의 하나

예 사람들은 여름을 시원하게 지내라는 의미로

| ① | 에 서로 부채를 주고받았다. |

◊ 창포물

창포(물가의 습기 찬 땅에서 자라는 풀)의 잎과 뿌리를 삶은 물

예 단오에는 나쁜 기운을 쫓는다는 의미로

| ② | 에 머리를 감았다. |

정답 ① 단오　② 창포물

▶ 개념 동영상

1 정월 대보름과 한식의 세시 풍속은 왜 다를까?

└→ 음력으로 한 해의 첫째 달

정월
대보름 음력 1월 15일

• **쥐불놀이**와 **달집태우기**를 하면
서 나쁜 기운을 쫓아내고, 새해
소원을 빌었음.
• 오곡밥을 먹고, 부럼을 깨물
기도 했음.

정월 대보름은
음력으로 새해 첫
둥근 보름달이
뜨는 날이야.

한식 양력 4월 5일 무렵

← 동지로부터 105일째 되는 날

• 불을 사용하지 않고 찬
음식을 먹었음.
• 한 해 농사가 잘되기를
바라며 조상들의 산소에
성묘를 했음.

☑ 계절마다 사람들이 하는 일이 ❶(같기 / 다르기) 때문에 세시 풍속이 달랐습니다.

2 날씨가 무더워지는 시기에는 어떤 세시 풍속을 즐겼을까?

단오(음력 5월 5일)

• 부채를 주고받았음.
• **창포물**에 머리를 감았음.
• 그네뛰기, 씨름 등을 즐
겼음.

삼복(초복, 중복, 말복)

• 더위를 피해 시원한 계곡
이나 산으로 놀러 갔음.
• 닭백숙, 육개장 등을 먹
었음.

조상들은 여름철 가장
더운 시기를 초복, 중복,
말복으로 나누었어.

☑ 단오에는 창포물에 머리를 감았고, 삼복에는 ❷(떡국 / 닭백숙) 등을 먹으며 더위를 이겨 냈습니다.

3 가을과 겨울에는 어떤 세시 풍속이 있었을까?

추석　음력 8월 15일

• 수확한 곡식과 과일로 조상들께 **차례**를 지냈음.
• 마을 사람들이 모여 줄다리기, 강강술래 등을 했음.

> 풍요와 건강을 기원하며 송편과 토란국을 먹었어.

중양절　음력 9월 9일

• 단풍이 든 산으로 나들이를 갔음.
• 서로의 건강을 기원하며 국화로 만든 술과 떡을 먹었음.

→ 일 년 중에 밤이 가장 긴 날
동지　양력 12월 22일경

• 한 해를 마무리하고 새해를 맞이하는 날로 보냈음.
• 나쁜 기운을 쫓는 의미로 **팥죽**을 만들어 먹었음.

☑ 가을과 겨울에는 **수확을 기뻐하고 한 해를 마무리하는** 세시 풍속이 있었습니다.

정답 ❶ 다르기 ❷ 닭백숙

🐻 개념 체크

◦ 정답과 풀이 9쪽

1 정월 대보름에는 풍년을 기원하며 ☐☐☐을 먹었습니다.

2 삼복에는 ☐☐를 피해 계곡이나 산으로 놀러 가는 풍속이 있었습니다.

3 동지에는 ☐☐을 만들어 먹었습니다.

보 기
• 오곡밥　• 토란국
• 더위　　• 추위
• 송편　　• 팥죽

1 옛날 어린이가 정월 대보름에 적었던 내용 중 알맞지 <u>않은</u> 것은 어느 것입니까? (   )

> 정월 대보름을 맞아 ① 쥐불놀이와 ② 달집태우기를 하면서 나쁜 기운을 쫓아내고, 새해 소원을 빌었다.
> 그리고 풍년을 기원하며 ③ 오곡밥과 ④ 수박화채를 먹었고, 건강을 빌며 ⑤ 부럼을 깨물었다.

2 다음과 같은 세시 풍속이 행해졌던 명절은 언제입니까? (   )

> • 불을 사용하지 않고 찬 음식을 먹었습니다.
> • 한 해 농사가 잘되기를 기원하며 조상들의 산소에 성묘를 했습니다.

① 동지   ② 설날   ③ 한식
④ 추석   ⑤ 정월 대보름

3 삼복의 세시 풍속과 관련 있는 그림은 어느 것입니까? (   )

①
▲ 송편 만들기

②
▲ 어른들께 세배 드리기

③
▲ 단풍이 물든 산으로 나들이 가기

④
▲ 시원한 곳으로 놀러 가거나 닭백숙 먹기

4 다음 설명과 관련 있는 명절을 찾아 줄로 이으시오.

(1) 일 년 중에 밤이 가장 길고 낮이 가장 짧은 날 •

(2) 음력으로 새해 첫 둥근 보름달이 뜨는 날 •

• ㉠ 추석

• ㉡ 동지

• ㉢ 정월 대보름

3주

집중 연습 문제 **단오**

5 다음 연관 검색어를 보고 ㉠에 들어갈 명절은 무엇인지 쓰시오.

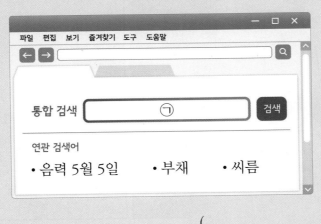

통합 검색 ㉠ 검색

연관 검색어
• 음력 5월 5일   • 부채   • 씨름

(   )

음력 5월 5일이면 곧 더위가 시작되는 때야.

6 단오에 했던 세시 풍속을 보기에서 찾아 기호를 쓰시오.

보기
㉠ 팥죽을 만들어 먹었습니다.
㉡ 창포물에 머리를 감았습니다.
㉢ 송편과 토란국을 만들어 먹었습니다.

(   )

㉠~㉢은 어떤 명절과 관련 있는지 써 볼까?

• ㉠ ➡ ◯◯

• ㉡ ➡ ◯◯

• ㉢ ➡ ◯◯

3일 옛날과 오늘날의 세시 풍속 비교

야광귀가 나타났다고?

용어 체크

복조리

음력 정월 <u>초하룻날</u> (→ 매달 첫째 날) 새벽에 부엌이나 안방, 마루 등의 벽에 걸어 놓는 <u>조리</u> (→ 쌀을 이는 데에 쓰는 기구)

예 옛날 사람들은 ⬚ 를 문 앞에 걸어 두면 쌀처럼 복이 일어 들어온다고 생각했다.

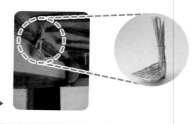

벽에 걸어 둔 복조리 ▶

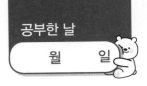
 와~ 설날이야!

용어 체크

설빔

설날을 맞이하여 새로 장만해 입는 옷이나 신발

예 설날을 앞두고 가족들의 [❶]을 장만했다.

세배

설달그믐이나 설 무렵에 웃어른을 찾아뵙고 하는 절
└→ 음력으로 한 해의 마지막 날

예 할아버지께 [❷]를 하고 세뱃돈을 받았다.

정답 ❶ 설빔 ❷ 세배

1 옛날에는 설날에 어떤 세시 풍속이 있었을까?

윷놀이를 하며 한 해의 운세를 점치기도 했음.

야광귀에게 빼앗기지 않도록 신발을 방 안에 두었음.

야광귀에게 신발을 빼앗기면 일 년 내내 운이 나쁘다고 믿었대.

설날은 옛날부터 오늘날까지 이어져 오는 우리나라 최대의 명절이야.

옛날의 설날 세시 풍속

설빔을 입고 어른들께 세배를 드렸음.

복조리를 걸어 놓고 복이 많이 들어오기를 빌었음.

☑ 옛날에는 설날에 복을 기원하고 **❶(좋은 / 나쁜)** 일을 몰아내는 다양한 세시 풍속이 있었습니다.

2 오늘날 설날에는 어떤 세시 풍속이 있을까?

어른들께 세배를 드림.

전통 놀이를 체험함.

☑ 가족들과 함께 ❷(고향 / 회사)을/를 찾아가서 **친척들을 만나고, 어른들께 세배를 합니다.**

3 옛날과 오늘날의 설날 세시 풍속을 비교해 볼까?

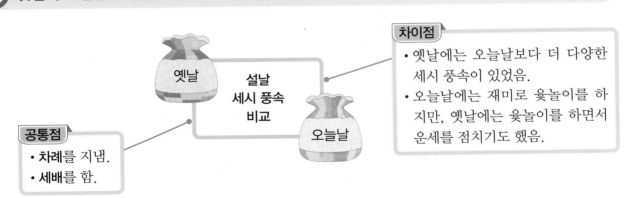

차이점
• 옛날에는 오늘날보다 더 다양한 세시 풍속이 있었음.
• 오늘날에는 재미로 윷놀이를 하지만, 옛날에는 윷놀이를 하면서 운세를 점치기도 했음.

공통점
• **차례를 지냄.**
• **세배를 함.**

☑ 세시 풍속은 시간이 흐르면서 바뀌었지만, 옛날과 오늘날의 설날에는 공통적으로 **나쁜 기운을 몰아내고 복을 얻기 위한 다양한 세시 풍속이 있습니다.**

정답 ❶ 나쁜 ❷ 고향

🐼 **개념 체크**

정답과 풀이 10쪽

1 옛날에는 설날에 야광귀에게 빼앗기지 않도록 ☐☐을 방 안에 두었습니다.

2 우리 조상들은 설날에 ☐☐☐를 문 앞에 걸어 놓았습니다.

3 옛날과 오늘날 모두 ☐☐에 차례를 지내고 세배를 합니다.

보기
• 달력 • 신발
• 벽시계 • 복조리
• 설날 • 추석

1 다음 □ 안에 들어갈 알맞은 말은 어느 것입니까? (   )

옛날에는 설날에 │   │을/를 하며 한 해의 운세를 점치기도 했습니다.

① 씨름
② 윷놀이
③ 강강술래
④ 쥐불놀이
⑤ 달집태우기

2 우리 조상들이 설날에 신발을 방 안에 두었던 까닭에 대해 알맞게 말한 어린이를 쓰시오.

재원 : 더위를 잘 이겨 내기 위해서야.
시완 : 한 해 농사가 잘되기를 기원하기 위해서야.
소율 : 야광귀에게 신발을 빼앗기면 일 년 내내 운이 나쁘다고 믿었기 때문이야.

(   )

3 설날에 세배를 하는 모습을 찾아 기호를 쓰시오.

ㄱ   ㄴ   ㄷ

(   )

4 설날에 주로 먹는 음식으로 알맞은 것은 어느 것입니까? (　　　　)

① ▲ 송편　　② ▲ 부럼　　③ ▲ 떡국　　④ ▲ 팥죽

5 옛날과 오늘날의 설날 세시 풍속에 대한 설명으로 알맞은 것을 보기 에서 찾아 기호를 쓰시오.

> 보기
> ㉠ 오늘날에는 옛날보다 세시 풍속이 더 다양합니다.
> ㉡ 설날에 차례를 지내는 풍속은 오늘날까지 이어져 오고 있습니다.
> ㉢ 옛날에는 재미로 윷놀이를 했지만, 오늘날에는 윷놀이를 하면서 운세를 점치기도 합니다.

(　　　　　　)

똑똑한 하루 퀴즈

6 다음 '옛날의 설날 세시 풍속' 퍼즐을 완성하려면 ㈎ 부분에 알맞은 퍼즐 조각을 끼워 넣어야 해요. ㈎에 들어갈 퍼즐 조각을 보기 에서 찾아 기호를 쓰세요.

㈎

> 보기
>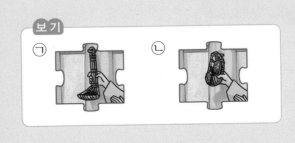
> ㉠　　㉡

(　　　　　　)

세시 풍속의 변화와 체험

🐰 **랄프의 바람이 이루어질까?**

🐼 **용어 체크**

📍 **기원**

바라는 일이 이루어지기를 비는 것

예 추석에는 보름달 아래에서 강강술래를 하며

풍년을 ❶[   ]하기도 했다.

↳ 농사가 잘되어 수확이 많은 해

📍 **산소**

사람의 무덤을 뜻하는 '뫼'를 높여 이르는 말

예 명절이면 조상의 ❷[   ]를 찾아가 성묘를

한다.

윷을 던져 볼까?

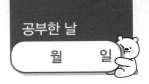

용어 체크

윷놀이
편을 갈라 윷으로 승부를 겨루는 놀이
예 윷을 던져서 나오는 도, 개, 걸, 윷, 모에
따라 윷말을 옮기는 놀이는 [　①　]이다.

윷말
윷놀이를 할 때 윷판 위에 올려놓고 옮기는 물건
└→ 윷말이 가는 길을 그린 판
예 윷놀이를 할 때 상대편의 [　②　]을 잡
으면 윷을 한 번 더 던질 수 있다.

정답 ① 윷놀이 ② 윷말

1 옛날에 농사와 관련된 세시 풍속이 계절에 따라 다양했던 까닭은 무엇일까?

봄

세시 풍속을 통해 농사가 잘되기를 빌었어.

한식에는 농사가 잘되기를 기원하며 조상들의 산소에 성묘했음.

농사와 관련된 다양한 **세시 풍속**

겨울

• 나쁜 기운을 몰아내고 새해에 복을 받기를 빌었음.
• **정월 대보름**에는 보름달을 보며 풍년을 빌었음.

여름

• 한 해 농사의 풍년을 기원하며 축제를 열었음.
• **삼복**에는 영양이 풍부한 음식을 먹었음.

더운 날씨와 바쁜 농사일을 이겨내려고 닭백숙 등을 먹었구나.

가을

추석에는 추수한 곡식과 과일로 차례를 지내고, 음식을 나누어 먹었음.

☑ 주로 농사를 짓고 살았던 우리 조상들은 **날씨와 계절의 변화**를 중요하게 생각했기 때문에 농사와 관련된 세시 풍속이 ❶(많았고 / 적었고) 계절에 따라 그 모습과 의미도 다양했습니다.

2 세시 풍속의 모습이 많이 바뀐 까닭은 무엇일까?

오늘날에는 계절, 날씨에 상관없이 다양한 세시 풍속을 체험해 볼 수 있어.

| 교통과 통신, 과학의 발달로 직업이 다양해짐.
+
옛날보다 농사를 짓는 사람들이 줄어듦. | → 세시 풍속의 변화 → | • 농사와 관련된 풍속은 많이 사라졌음.
• 대부분 큰 명절을 중심으로 한 세시 풍속만 이어져 내려오고 있음. |

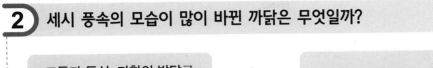

☑ 오늘날에는 교통과 통신, 과학의 발달로 직업이 다양해지면서 세시 풍속의 모습이 많이 바뀌었습니다.

3 옛날부터 전해 내려오는 세시 풍속을 체험해 볼까?

단오 부채를 만들어 서로 주고받기

윷놀이하기

☑ 단오에 주고받던 부채를 만들거나 ②(설날 / 한식)과 정월 대보름 사이에 즐기던 윷놀이를 합니다.

정답 ❶ 많았고 ❷ 설날

🐼 **개념 체크**

정답과 풀이 10쪽

1 우리 조상들은 ☐☐이 되면 추수한 곡식과 과일로 차례를 지냈습니다.

2 오늘날에는 대부분 설날이나 추석과 같은 큰 ☐☐을/를 중심으로 한 세시 풍속만 이어져 내려오고 있습니다.

3 옛날에는 단오에 ☐☐을/를 주고받는 풍속이 있었습니다.

보기
• 추석   • 한식
• 명절   • 절기
• 달력   • 부채

[1~3] 다음 우리 조상들의 생활 모습을 보고, 물음에 답하시오.

㉠ ☐에는 더운 날씨와 바쁜 농사일을 이겨 내려고 영양이 풍부한 음식을 먹었어요.

㉡ 정월 대보름에는 큰 보름달을 보며 풍년을 빌었어요.

㉢ 추수한 곡식과 과일로 차례를 지내요.

㉣ 한식에는 농사가 잘되기를 기원하며 조상들의 산소에 성묘해요.

1 위 ㉠~㉣의 모습은 어떤 계절과 관련 있는지 각각 기호를 쓰시오.

봄	여름	가을	겨울
㉣	❶	❷	❸

2 위 ㉠의 ☐ 안에 들어갈 말로 알맞은 것은 어느 것입니까? (   )

① 설날   ② 삼복   ③ 동지

④ 추석   ⑤ 중양절

3 다음 밑줄 친 '이것'에 해당하는 것은 무엇인지 쓰시오.

> 위 ㉠~㉣과 같이 옛날에 '이것'과 관련된 세시 풍속은 계절에 따라 다양했습니다.

(   )

4 다음 □ 안에 들어갈 명절로 알맞은 것은 어느 것입니까? (   )

[□ 부채 만들기]

부채에 그림을 그려 예쁘게 꾸밈.

부채에 나무젓가락을 붙여 손잡이를 만듦.

만든 부채를 친구와 서로 주고받음.

① 설날　　　　　② 동지　　　　　③ 단오
④ 추석　　　　　⑤ 한식

집중 연습 문제　**세시 풍속의 변화**

5 옛날부터 전해 내려오는 세시 풍속이 시간이 흐르면서 많이 바뀐 까닭을 보기에서 찾아 기호를 쓰시오.

보기

ㄱ 옛날보다 농사를 짓는 사람이 늘어나서
ㄴ 옛날보다 계절과 날씨의 영향을 많이 받아서
ㄷ 오늘날에는 교통과 통신, 과학의 발달로 직업이 다양해져서

(   )

회사나 공장 등에서 일하면 계절과 날씨의 영향을 적게 받아.

6 오늘날 세시 풍속에 생긴 변화로 알맞은 것에 ○표를 하시오.

(1) 농사와 관련된 풍속이 많이 늘어났습니다. (   )

(2) 큰 명절을 중심으로 한 세시 풍속만 이어져 내려오고 있습니다. (   )

오늘날까지도 계속 이어져 오는 풍속 중 세배는 어떤 명절과 관련 있을까?

○　○

1 세시 풍속의 의미

우리나라의 명절에는 설날, 단오, 추석, 동지 등이 있어.

하는 일

하는 놀이

세시 풍속

먹는 음식

입는 옷

명절날에 하는 일과 놀이, 먹는 음식, 입는 옷과 같이 해마다 일정한 시기에 되풀이하여 행해 온 고유의 풍속

2 옛날의 세시 풍속

동지에는 팥죽을 만들어 먹었어.

정월 대보름

- 쥐불놀이하기
- 오곡밥 먹기
- 부럼 깨물기

단오

- 씨름, 그네뛰기
- 부채 주고받기
- 창포물에 머리 감기

추석

- 차례 지내기
- 강강술래하기
- 송편과 토란국 먹기

3 옛날과 오늘날의 세시 풍속 비교 예 설날

공통점	• 어른들께 세배를 하며, 서로의 복을 기원함. • 가족들이 함께 모여 차례를 지내고 떡국을 먹음.
차이점	• 옛날에는 오늘날보다 더 다양한 세시 풍속이 있었음. • 오늘날에는 재미있는 전통 놀이로 윷놀이를 하지만, 옛날에는 윷놀이를 하면서 운세를 점치기도 했음.

4 세시 풍속의 변화

날씨와 계절의 변화는 농사를 짓는 데 매우 중요했어.

① 옛날의 세시 풍속 : 농사와 관련된 세시 풍속이 계절에 따라 다양했습니다.

 보름달을 보며 풍년을 빌었음.

겨울 봄
가을 여름

 한 해 농사가 잘 되기를 기원하며 성묘를 했음.

 추수한 곡식과 과일로 차례를 지냈음.

 더위와 바쁜 농사 일을 이겨 내려고 영양이 풍부한 음식을 먹었음.

② 오늘날의 세시 풍속

세시 풍속의 모습이 많이 바뀐 까닭	교통과 통신, 과학의 발달로 직업이 다양해져서
특징	농사와 관련된 풍속은 많이 사라졌음.

Talk Talk

🔔 📍 📶 ⅲ 100%

 설날을 맞이해서 윷, 윷판, 윷말을 준비했어. 함께 윷놀이하자!

좋아. 그런데 윷놀이 규칙 좀 알려 줘.

 각 편마다 윷말을 네 개씩 나누어 갖고, 윷을 던져 나온 결과에 따라 윷말을 옮기면 돼. 네 개의 윷말이 먼저 출발지로 들어오는 편이 이기는 거야.

윷을 던져서 윷이나 모가 나오거나 상대편의 윷말을 잡으면 윷을 한 번 더 던질 수 있어. 빨리 윷놀이하고 싶다!

1일 세시 풍속

1 다음에서 설명하는 것은 무엇입니까? (   )

> • 설날, 추석처럼 해마다 일정하게 지키어 즐기거나 기념하는 날입니다.
> • 멀리 떨어져 사는 친척들이 만나 서로 안부를 나누기도 합니다.

① 계절　　　　　② 명절　　　　　③ 절기
④ 휴일　　　　　⑤ 국경일

[2~3] 다음 추석에 대한 자료를 보고, 물음에 답하시오.

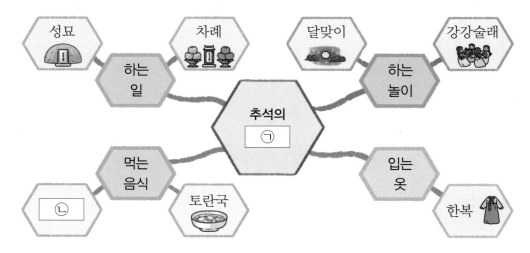

2 위 ㉠에 들어갈 말로, 해마다 일정한 시기에 되풀이하여 행해 온 고유의 풍속을 무엇이라고 하는지 쓰시오.

(   )

3 위 ㉡에 들어갈 음식으로 알맞은 것은 어느 것입니까? (   )

① 떡국　　　　　② 부럼　　　　　③ 송편
④ 닭백숙　　　　⑤ 오곡밥

2일 옛날의 세시 풍속

4 정월 대보름에 행해졌던 세시 풍속을 두 가지 고르시오. (,   )

① 씨름
② 쥐불놀이
③ 그네뛰기
④ 달집태우기
⑤ 부채 주고받기

 서술형

5 다음 밑줄 친 부분에 들어갈 세시 풍속을 한 가지만 쓰시오.

> 우리 조상들은 날씨가 무더워지는 시기인 단오와 삼복에도 다양한 세시 풍속을 즐기며 건강하게 생활했습니다.
>
> 단오는 음력 5월 5일로 곧 더위가 시작되는 때입니다. 사람들은 오른쪽 그림과 같이 _____

_____

_____

6 옛날에 있었던 세시 풍속이 알맞게 짝 지어지지 <u>않은</u> 것은 어느 것입니까? (   )

① 동지 : 팥죽을 만들어 먹었다.
② 중양절 : 국화로 만든 술과 떡을 먹었다.
③ 한식 : 불을 사용하여 익힌 음식만 먹었다.
④ 추석 : 마을 사람들이 모여 줄다리기를 했다.
⑤ 삼복 : 더위를 피해 시원한 곳으로 놀러 갔다.

3일 옛날과 오늘날의 세시 풍속 비교

7 다음 밑줄 친 부분에 들어갈 알맞은 말을 보기 에서 찾아 기호를 쓰시오.

설날

아버지, 복조리를 문 앞에 왜 걸어 두시는 거예요?

그건 말이야. _____ 복조리를 걸어 두는 것이란다.

보기

㉠ 야광귀에게 복조리를 빼앗기지 않으려고

㉡ 복조리를 보면서 한 해의 운세를 점칠 수 있어서

㉢ 복조리를 걸어 두면 쌀처럼 복이 일어 들어온다고 생각해서

(   )

8 다음 옛날과 오늘날의 설날 세시 풍속을 보고, □ 안에 들어갈 알맞은 말을 쓰시오.

▲ 옛날

▲ 오늘날

설날에 □□□ 하는 세시 풍속은 오늘날까지 이어져 오고 있습니다.

(   )

9 오늘날까지 이어져 오고 있는 옛날의 설날 세시 풍속을 찾아 ○표를 하시오.

(1) 차례를 지냅니다.   (   )

(2) 윷놀이를 하며 운세를 점칩니다.   (   )

(3) 야광귀에게 신발을 빼앗기지 않도록 신발을 방 안에 둡니다.   (   )

4일 세시 풍속의 변화와 체험

10 오른쪽 □ 안에 들어갈 알맞은 말은 어느 것입니까? (　　　　)

☐에는 추수한 곡식과 과일로 차례를 지내고, 맛있는 음식을 나누어 먹어요.

① 단오　　　　② 동지

③ 한식　　　　④ 추석

⑤ 정월 대보름

11 오늘날의 세시 풍속에 대해 알맞게 말한 어린이를 두 명 고르시오. (　　　,　　　)

① 이안 : 농사와 관련된 풍속은 많이 사라졌어.

② 지민 : 옛날보다 더 다양한 세시 풍속이 생겼어.

③ 하율 : 옛날보다 계절과 날씨의 영향을 더 많이 받아.

④ 연두 : 큰 명절을 중심으로 한 세시 풍속만 이어져 내려오고 있어.

⑤ 은우 : 옛날부터 전해 내려오는 세시 풍속은 하나도 변하지 않았어.

똑똑한 하루 퀴즈

12 명절에 먹는 음식과 관련하여 사다리를 타고 내려갔을 때 ㉠과 ㉡은 어떤 명절인지 각각 쓰세요.

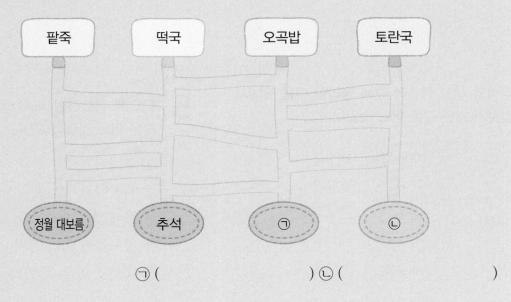

㉠ (　　　　　　　　) ㉡ (　　　　　　　　　)

1 다음 ☐ 안에 들어갈 말로, 명절에 조상에게 올리는 제사를 무엇이라고 하는지 쓰시오.

○○월 ○○일 ○요일	날씨 : 맑음 ☀

즐거운 추석

오늘은 우리나라의 대표적인 명절인 추석이다. 오랜만에 친척들을 만나 즐거운 시간을 보냈다. 가족들이 정성스럽게 준비한 음식으로 ☐ 를 지냈다.

⋮

(   )

2 추석의 세시 풍속에 대해 정리한 다음 표에서 알맞지 <u>않은</u> 것은 어느 것입니까? (   )

추석의 세시 풍속	하는 일	① 성묘
	하는 놀이	② 달맞이 ③ 강강술래
	먹는 음식	④ 부럼
	입는 옷	⑤ 한복

3 다음 사진과 관련 있는 때는 언제입니까?
(   )

▲ 쥐불놀이   ▲ 달집태우기

① 단오   ② 동지
③ 한식   ④ 중양절
⑤ 정월 대보름

4 불을 사용하지 않고 찬 음식을 먹는 풍속이 있었던 명절을 보기 에서 찾아 기호를 쓰시오.

보 기
ㄱ 설날   ㄴ 동지
ㄷ 추석   ㄹ 한식

(   )

5 단오에 행해졌던 세시 풍속으로 알맞지 <u>않은</u> 것은 어느 것입니까? (   )

① 그네뛰기
② 씨름하기
③ 부채 주고받기
④ 창포물에 머리 감기
⑤ 국화로 만든 떡 먹기

6 나쁜 기운을 쫓는 의미로 동지에 만들어 먹었던 음식에 ○표를 하시오.

(1)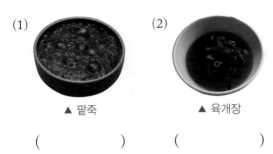
▲ 팥죽
(   )

(2)
▲ 육개장
(   )

7 다음 ☐ 안에 들어갈 알맞은 말은 어느 것입니까? (   )

> 옛날에는 설날에 야광귀에게 빼앗기지 않도록 ☐☐☐을/를 방 안에 두었습니다.

① 달력　　　　② 부채
③ 신발　　　　④ 지게
⑤ 항아리

8 옛날과 오늘날의 설날 세시 풍속에 대해 알맞게 말한 어린이를 쓰시오.

> 다인 : 옛날과 오늘날 모두 설날에는 어른 들께 세배를 해.
> 이현 : 옛날에는 설날에 떡국을 먹었지만, 오늘날에는 떡국을 먹지 않아.
> 소민 : 옛날에는 재미로 윷놀이를 했지만, 오늘날에는 한 해 운세를 점치기 위해 윷놀이를 해.

(   )

9 다음 우리 조상들의 세시 풍속과 관련 있는 계절을 쓰시오.

나쁜 기운을 몰아내고 새해에는 복을 받기를 기원합니다.

정월 대보름에는 큰 보름달을 보며 풍년을 빌어요.

(   )

10 다음 ☐ 안에 들어갈 알맞은 놀이를 쓰시오.

 하기

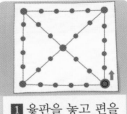
① 윷판을 놓고 편을 나눔.

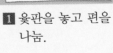

② 각 편마다 윷말을 네 개씩 나누어 가짐.

③ 윷을 던져 나온 결과에 따라 윷말을 옮김.

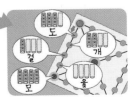

3주 특강

생활 속 사회

추석에 행해진 다양한 세시 풍속을 알아봅니다.

✅ 추석의 세시 풍속

추석처럼 해마다 일정하게 지키어 즐기거나 기념하는 때를 **명절**이라고 한대.

우리 **추석**에 대해 더 알아볼까?

추석
▶ 추석을 부르는 다른 말 한가위, 중추절
▶ 추석이 생긴 까닭 조상들께 추수를 감사드리기 위해
▶ 추석에 먹는 음식 송편, 토란국, 과일 등

1 다음은 우리나라의 명절에 대해 다룬 신문 기사입니다.

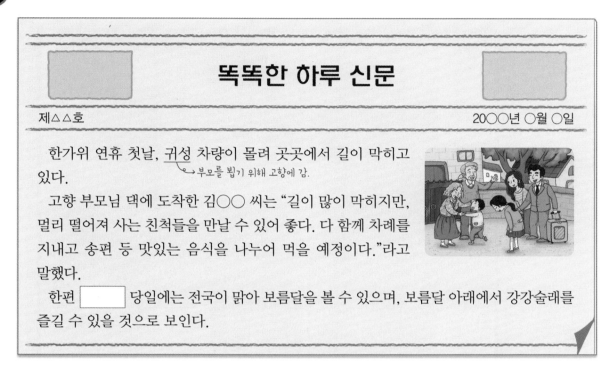

(1) 위 신문 기사의 □ 안에 들어갈 명절을 다음 글자 칸에서 찾아 쓰세요.

(　　　　　　　　)

(2) 다음 □ 안에 들어갈 날짜가 적힌 깃발에 ○표를 하세요.

위 신문 기사와 관련 있는
명절은 음력 □□□이야.

1월 1일　　　5월 5일　　　8월 15일

2 이번 주에 공부한 내용을 기억하며, 다음 십자말풀이를 해 보세요.

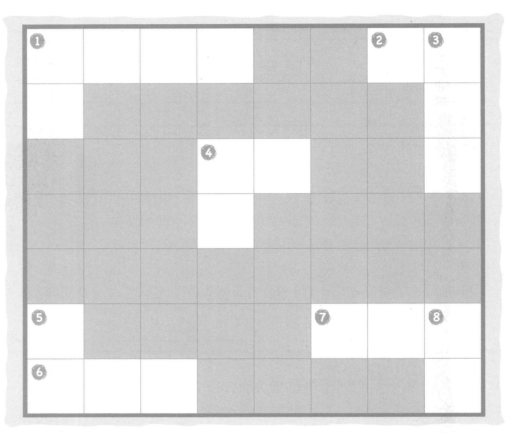

→ 가로

1 해마다 일정한 시기에 되풀이하여 행해 온 고유의 풍속을 말합니다.
2 초복, 중복, 말복을 통틀어 이르는 말로, ○○에는 닭백숙 등을 먹습니다.
4 정월 대보름날 이른 아침에 먹는 호두, 땅콩 등의 딱딱한 열매를 말합니다.
6 다섯 가지 곡식을 섞어 지은 밥으로, 대개 정월 대보름에 지어 먹습니다.
7 추석에는 송편과 ○○○을 만들어 먹습니다.

↓ 세로

1 설날에 웃어른께 인사로 하는 절입니다.
3 옛날에는 설날에 ○○○를 걸어 놓고 복이 많이 들어오기를 빌었습니다.
4 옛날에는 단오에 여름을 시원하게 지내라는 의미에서 서로 ○○를 주고받았습니다.
5 우리나라 명절의 하나로, 음력 5월 5일입니다.
8 중양절이 되면 ○○로 만든 술과 떡을 먹으며 서로의 건강을 기원했습니다.

3 놀이공원에 가기 위해서는 안내판에 적힌 설명에 해당하는 징검돌을 찾아 순서대로 밟아야 해요.
다음 어린이가 밟아야 하는 징검돌을 순서대로 쓰세요.

첫 번째 징검돌
음력으로 새해 첫 보름달이 뜨는 날로, 쥐불놀이와 달집태우기를 해요.

두 번째 징검돌
일 년 중에 밤이 가장 긴 날로, 팥죽을 먹어요.

세 번째 징검돌
불을 사용하지 않고 찬 음식을 먹는 풍속이 있어요.

네 번째 징검돌
우리나라 최대의 명절로, 어른들께 세배를 하고 떡국을 먹어요.

추석

설날

삼복

한식

단오

정월
대보름

동지

정월 대보름 ➡ ◯ ◯ ➡ ◯ ◯ ➡ ◯ ◯

3주 특강

논리 탄탄

비밀번호를 풀 수 있는 힌트를 보고, 옛날과 오늘날의 세시 풍속을 살펴봅니다.

4 산속을 걷던 랄프가 상자 하나를 발견했어요. 이 상자를 열기 위해서는 비밀번호가 필요해요. 힌트를 보고 비밀번호를 완성하세요.

비밀번호 힌트

- 상자를 열고 싶다면 '옛날과 오늘날의 세시 풍속'에 대해 알맞게 설명한 내용이 적힌 번호를 순서대로 누르시오!
- 비밀번호는 세 자리 숫자입니다.

4 추석에는 줄다리기, 강강술래 등을 했습니다.

1 농사와 관련된 풍속은 옛날보다 많아졌습니다.

6 한식이 되면 조상들의 산소에 성묘를 했습니다.

8 삼복에는 추위를 피해 따뜻한 지역으로 놀러 갔습니다.

7 정월 대보름에는 건강을 빌며 부럼을 깨물기도 했습니다.

3 한식에 여자들은 그네를 뛰거나 창포물에 머리를 감았습니다.

비밀번호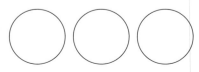

5 다음은 세시 풍속 중 먹는 음식을 소개한 카드입니다. 음식의 이름을 퍼즐에서 모두 지운 후 남은 글자들을 순서대로 읽으면 응원 문구가 나타난대요. 응원 문구를 찾아 써 보세요.

응원 문구

무엇이든 할 수 있으니까 힘내

▲ 옛날의 결혼식 모습

옛날에는 확대 가족이 많았지만, 오늘날에는 핵가족이 많아.

▲ 확대 가족

옛날 ─ 결혼 풍습 ─ 오늘날

가족

확대 가족 ─ 가족 형태 ─ 핵가족

▲ 오늘날의 결혼식 모습

우리 사회에는 조손 가족, 입양 가족, 한 부모 가족 등 다양한 형태의 가족이 있어.

▲ 핵가족

다양한 형태의 가족의 생활 모습을 존중해야 해!

4주 4주에는 무엇을 공부할까? ❷

혼례
婚 禮
혼인할 **혼** 예도 **례**

뜻 남녀가 부부 관계를 맺는 서약을 하는 의식으로 결혼식을 가리키는 말

예 옛날에 신랑은 말을 타고 신부의 집으로 가서 **혼례**를 치렀다.

폐백
幣 帛
폐백 **폐** 폐백 **백**

뜻 결혼식을 마치고 신부가 신랑의 집안 어른들께 첫인사를 올리는 것

예 **폐백** 때 신부와 신랑이 집안 어른들께 큰절을 올리면 어른들은 신부의 치마에 대추나 밤을 던져 준다.

오늘날에는 결혼식장에 있는 폐백실에서 신랑과 신부의 부모님께 폐백을 드려.

결혼식은 두 사람이 부부가 되어 새로운 가정을 이루는 중요한 의식이야.

나는 전통 혼례복을 입고 결혼식을 하고 싶어! 그런데 신랑이 입은 저 턱시도도 멋지다.

가족
家 族
집 **가** 겨레 **족**

결혼하면서 새로운 가족이 만들어졌어요.

뜻 부부를 중심으로 하여 부모와 자식, 형제자매의 관계를 이루는 사람들

예 결혼, 출산, 입양 등 **가족**이 만들어지는 과정은 다양하다.

가족마다 그 형태나 구성원이 달라.
가족 형태와 관련된 용어를 기억하고,
다양한 가족의 생활 모습을 존중하자!

확대 가족

擴 大
넓힐 **확** 클 **대**

家 族
집 **가** 겨레 **족**

뜻 결혼한 자녀와 부모가 함께 사는 가족

예 주로 농사를 지었던 옛날에는 일손이 많이 필요해서 **확대 가족**이 많았다.

핵가족

核 家 族
씨 **핵** 집 **가** 겨레 **족**

뜻 결혼하지 않은 자녀와 부모가 함께 사는 가족

예 사회가 변화하면서 가족의 형태도 변화해 오늘날에는 **핵가족**이 많아졌다.

우리 사회에는
우리 가족과 같거나
비슷한 형태의 가족도 있고,
다른 형태의 가족도
있어.

조손 가족

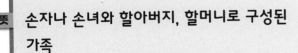

祖 孫
할아버지 **조** 손자 **손**

家 族
집 **가** 겨레 **족**

뜻 손자나 손녀와 할아버지, 할머니로 구성된 가족

예 오늘날에는 입양 가족, **조손 가족**, 한 부모 가족 등 가족의 형태가 다양하다.

다문화 가족

국제결혼을
했어요.

뜻 서로 다른 국적이나 인종, 문화를 지닌 사람들로 구성된 가족

→ 신체적 특징에 따라
구분되는 인간의 종류

예 **다문화 가족**의 자녀는 엄마 나라와 아빠 나라의 서로 다른 문화를 이해하면서 자랄 수 있다.

옛날과 오늘날의 결혼 풍습

와~ 색다른 결혼식인걸!

용어 체크

혼례

남녀가 부부 관계를 맺는 서약을 하는 의식으로
결혼식을 가리키는 말
→ 맹세하고 약속함.

예 우리 조상들처럼 전통 ❶ [ ] 방식으로
결혼식을 하기도 한다.

혼인

남자와 여자가 정식으로 부부가 되어 가정을 이
루는 것

예 결혼한 사실을 관할 관청에 알리는 일을
❷ [ ] 신고라고 한다.
→ 관청, 경찰서 등이 어떤
지역을 맡아서 관리함.

정답 ❶ 혼례 ❷ 혼인

폐백 때 대추와 밤을 왜 던지지?

🐼 **용어 체크**

📍주례

결혼식에서 신랑, 신부에게 도움이 되는 이야기를 하고 결혼 선서 등을 진행하는 사람

예 이모는 학교 은사님께 결혼 ❶◻◻◻ 를 부탁드렸다.
  └ '가르쳐 주신 선생님'을 높여 이르는 말

📍폐백

결혼식을 마치고 신부가 신랑의 집안 어른들께 첫인사를 올리는 것

예 옛날과 달리 오늘날에는 결혼식장에서 양쪽 집안 어른들께 ❷◻◻◻ 을 드린다.

정답 ❶ 주례 ❷ 폐백

1 옛날의 결혼식은 어떤 모습이었을까?

> **1 혼례 치르기**
> • 신랑은 **신부의 집**으로 가서 혼례를 치렀음.
> • 신랑이 신부 측에 **나무 기러기**를 건네주면 혼례가 시작되었음.
> • 신랑과 신부는 마주 보고 큰절을 올리고, 잔에 술을 부어 함께 나누어 마셨음.

신랑은 신부에게 오래도록 행복하게 함께 살자는 의미로 기러기를 줬어.

결혼식장에 있는 폐백실에서 신랑과 신부의 부모님께 폐백을 드리는 오늘날과는 다르구나.

> **2 신랑의 집으로 이동하기**
> 혼례를 치르고 신부의 집에서 며칠을 지낸 후에 신랑은 말을, 신부는 가마를 타고 신랑의 집으로 갔음.

> **3 폐백 드리기**
> 신부가 신랑의 집에 도착하면 어른들께 큰절을 올리고 새 식구가 되었음을 알리는 뜻으로 **폐백**을 드렸음.

☑ 옛날에는 결혼할 때 '혼례 치르기 → **①**(신랑 / 신부)의 집으로 이동하기 → 폐백 드리기'의 순서로 진행되었습니다.

2 옛날과 오늘날의 결혼식 모습을 비교해 볼까?

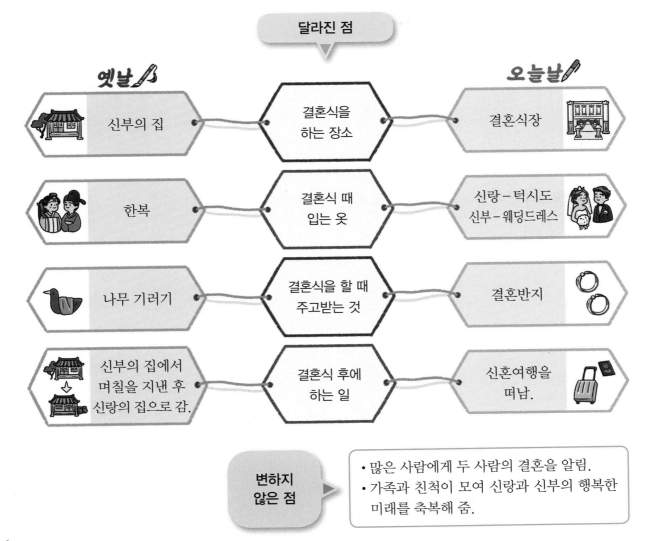

달라진 점

옛날 ✒

오늘날 ✏

옛날	달라진 점	오늘날
신부의 집	결혼식을 하는 장소	결혼식장
한복	결혼식 때 입는 옷	신랑 – 턱시도 신부 – 웨딩드레스
나무 기러기	결혼식을 할 때 주고받는 것	결혼반지
신부의 집에서 며칠을 지낸 후 신랑의 집으로 감.	결혼식 후에 하는 일	신혼여행을 떠남.

변하지 않은 점
· 많은 사람에게 두 사람의 결혼을 알림.
· 가족과 친척이 모여 신랑과 신부의 행복한 미래를 축복해 줌.

☑ 옛날과 오늘날의 결혼식 모습은 ❷(같아도 / 달라도) 축하해 주는 마음은 ❸(같습니다 / 다릅니다).

정답 ❶ 신랑 ❷ 달라도 ❸ 같습니다

🐼 개념 체크

정답과 풀이 13쪽

1 옛날에는 ☐☐의 집에서 혼례를 치렀습니다.

2 옛날에는 신랑이 신부 측에 나무 ☐☐☐를 건네주면 혼례가 시작되었습니다.

3 신랑과 신부의 ☐☐한 미래를 축복해 주는 모습은 변하지 않았습니다.

보기
· 신랑   · 신부
· 기러기 · 호랑이
· 행복   · 불행

4주

[1~2] 다음 글을 읽고, 물음에 답하시오.

> **옛날의 결혼식**
>
> 결혼하는 날 신랑은 신부의 집으로 가서 [㉠]을/를 치렀습니다. 신부의 집에 도착한 신랑이 신부 측에 [㉡]을/를 건네주면 [㉠]이/가 시작됩니다.

1 윗글의 ㉠에 들어갈 알맞은 말을 보기에서 찾아 쓰시오.

보기
・ 혼례 ・ 돌잔치 ・ 성인식 ・ 장례식

( )

2 윗글의 ㉡에 들어갈 알맞은 말은 어느 것입니까? ( )

① 대추 ② 청첩장 ③ 결혼반지
④ 웨딩드레스 ⑤ 나무 기러기

3 오른쪽 그림에서 신랑과 신부가 이동할 때 탄 것이 알맞게 짝 지어진 것은 어느 것입니까?

( )

	신랑	신부
①	말	가마
②	말	지게
③	가마	뗏목
④	소달구지	가마
⑤	소달구지	돛단배

▲ 혼례를 치른 후 신랑의 집으로 이동하는 신랑과 신부

4 오늘날의 결혼식 모습으로 알맞지 <u>않은</u> 것은 어느 것입니까? (   )

① 결혼식 후에 신혼여행을 간다.

② 주로 신부의 집에서 결혼식을 한다.

③ 결혼식을 할 때 신랑과 신부는 결혼반지를 주고받는다.

④ 결혼식을 할 때 신랑은 턱시도를, 신부는 웨딩드레스를 입는다.

⑤ 가족, 친척, 친구들이 모여 신랑과 신부의 행복한 미래를 축복해 준다.

집중 연습 문제   **폐백**

5 옛날의 결혼식과 관련하여 다음 ☐ 안에 들어갈 알맞은 말을 쓰시오.

> 신부가 신랑의 집에 도착하면 어른들께 큰절을 올리고 새 식구가 되었음을 알리는 뜻으로 ☐☐ 을 드렸습니다.

(   )

신부가 신랑 집안의 구성원이 되었음을 조상과 친척, 이웃에게 알리는 의례였어.

6 오늘날 신랑과 신부가 폐백을 드리는 모습을 보기에서 찾아 기호를 쓰시오.

보기
> ㉠ 주례와 하객들에게 폐백을 드립니다.
> ㉡ 신랑의 집에서 신랑의 부모님께 폐백을 드립니다.
> ㉢ 결혼식장에 있는 폐백실에서 신랑과 신부의 부모님께 폐백을 드립니다.

(   )

㉠~㉢ 중 옛날에 폐백을 드리는 모습은 어느 것일까?

2일 옛날과 오늘날의 가족 형태

확대 가족을 원한다고?

확대 가족

결혼한 자녀와 부모가 함께 사는 가족

예 할머니, 아버지, 어머니, 나로 이루어진 우리 가족은 ❶ [   ]이다.

일손

일을 하는 사람

예 촌락의 인구가 줄어들면서 ❷ [   ] 부족 문제가 나타나고 있다.

정답 ❶ 확대 가족   ❷ 일손

 오늘날 주변에서 핵가족을 쉽게 볼 수 있어.

용어 체크

♀ 핵가족

결혼하지 않은 자녀와 부모가 함께 사는 가족

예 확대 가족은 가족의 수가 많은 편이지만
　①　　　　　　　은 가족의 수가 상대적으로 적다.

♀ 취업

직업을 얻어 직장에 나가는 일

예 삼촌은 대학교를 졸업하고 식품 회사에
　②　　　　　　　했다.

정답 ❶ 핵가족 ❷ 취업

1 확대 가족과 핵가족의 차이점은 무엇일까?

확대 가족

핵가족

가족
형태

• 결혼한 자녀와 부모가 함께 살고
있음.
• 가족의 수가 많은 편임.

• 결혼하지 않은 자녀와 부모가
함께 살고 있음.
• 가족의 수가 상대적으로 적음.

☑ 확대 가족은 ❶(결혼하지 않은 / 결혼한) 자녀와 부모가 함께 살지만, 핵가족은 ❷(결혼하지 않은 /
결혼한) 자녀와 부모가 함께 삽니다.

2 옛날에는 왜 확대 가족이 많았을까?

가족이
함께 일하니
한결 쉽구나.

조부모 세대, 부모 세대,
자녀 세대로 이루어진
확대 가족이네.

옛날에는 주로 **농사**를 지어
일손이 많이 필요했음.

자녀가 결혼한 후에도 부모와
함께 사는 경우가 많았음.

☑ 주로 농사를 지었던 옛날에는 일손이 많이 필요했기 때문에 확대 가족이 많았습니다.

3 오늘날에는 왜 핵가족이 많을까?

 오늘날
- 산업이 발달하면서 도시가 만들어지고 다양한 일자리가 생겼음.
- 사회 변화로 가족의 형태에도 변화가 생겼음.

핵가족이 많아진 오늘날

 우리들의 교육 때문에 이곳으로 이사 왔대요.

 도시에 직장을 구하게 되어 부모님과 떨어져 살게 되었어요.

 결혼을 한 후에 직장, 자녀 교육 등의 이유로 부모와 따로 떨어져 사는 경우가 많아.

 장사를 하려고 도시로 이사 왔어요.

 평생 농사지으며 산 고향을 떠나고 싶지 않아요.

☑ 오늘날에는 취업이나 교육을 위해 다른 지역으로 이사를 가거나 개인 생활을 위해 독립하는 경우가
❸(늘어나면서 / 줄어들면서) 핵가족이 더 많아졌습니다.

정답 ❶ 결혼한 ❷ 결혼하지 않은 ❸ 늘어나면서

개념 체크

정답과 풀이 13쪽

1 결혼한 자녀와 부모가 함께 사는 가족을 ☐☐ 가족이라고 합니다.

2 농사를 지어 ☐☐ 이 많이 필요했던 옛날에는 확대 가족이 많았습니다.

3 오늘날에는 자녀 교육, 취업 등의 이유로 핵가족이 ☐☐ 했습니다.

보기
- 확대
- 축소
- 가축
- 일손
- 증가
- 감소

2일 개념 확인하기

○ 정답과 풀이 13쪽

1 확대 가족의 모습이 담긴 가족사진을 찾아 기호를 쓰시오.

ㄱ

ㄴ

( )

2 다음 가족 구성원을 보고 핵가족을 두 가지 고르시오. (,)

① 아버지, 오빠, 나

② 할아버지, 어머니, 나

③ 할머니, 아버지, 어머니, 삼촌, 나

④ 아버지, 어머니, 나, 남동생, 여동생

⑤ 할아버지, 할머니, 아버지, 어머니, 나

3 옛날에 확대 가족이 많았던 까닭에 대해 알맞게 말한 어린이를 쓰시오.

주은 : 산업이 발달하면서 도시가 늘어났기 때문이야.

지호 : 주로 농사를 지어 일손이 많이 필요했기 때문이야.

세현 : 개인 생활을 위해 독립하는 경우가 늘어났기 때문이야.

이안 : 부모들이 결혼한 자녀와 함께 사는 것을 싫어했기 때문이야.

( )

4 오늘날의 가족 형태와 관련하여 다음 ( ) 안의 알맞은 말에 ○표를 하시오.

> 오늘날에는 결혼을 한 후에 직장이나 자녀 교육 등 여러 가지 이유로 부모님과 (같이 / 따로 떨어져) 사는 경우가 많습니다.

5 오늘날 핵가족이 많은 까닭 중 오른쪽 그림과 가장 관련 있는 것은 어느 것입니까? ( )

① 도시에 직장을 구하게 되어서
② 여가 생활을 위해 독립을 해서
③ 자녀의 교육을 위해 이사를 가서
④ 환경이 쾌적한 곳으로 이사를 가서
⑤ 장사를 하려고 사람들이 많은 도시로 이사를 와서

6 다음은 핵가족인 소율이네 가족이 함께 찍은 사진입니다. ㈎ 부분에 들어갈 가족 구성원을 보기에서 찾아 기호를 쓰세요.

( )

누… 누구시죠?

용어 체크

역할

맡아서 하는 일 또는 당연히 해야 할 일

예 각자 맡은 바 [❶] 을 다해야 한다.

맞벌이

부부가 모두 직업을 가지고 돈을 버는 일

예 육아 문제로 고민하는 [❷] 부부가
→ 어린아이를 기르는 것
많다.

정답 ❶ 역할   ❷ 맞벌이

만화로 재미있게 **개념** 쏙쏙! **용어** 쏙쏙!

내가 이해할게.

4
주

 **용어 체크**

♀ 갈등

칡과 등나무가 서로 얽히는 것과 같이 서로
생각이나 마음이 맞지 않아 다투는 상황

葛	藤
칡	등나무
갈	등

예 가족 간 **①**[   ]을 극복하려면 가족
구성원이 서로 존중해야 한다.

♀ 배려

도와주거나 보살펴 주려고 마음을
쓰는 것

예 그는 남을 **②**[   ]할 줄 아는
따뜻한 마음씨를 가지고 있다.

 정답 ① 갈등 **②** 배려

1 가족 구성원의 역할은 어떻게 달라졌을까?

옛날

옛날에 남자들은 농사일이나 바깥일을 했어.

• 집안일은 주로 여자가 하고, 바깥일은 주로 남자가 했음.
• 가족 구성원의 역할이 **구분**되어 있었음.

오늘날

• 남녀의 역할 구분이 없어짐.
• 집안일을 가족 구성원이 함께 나누어 함.
• 집안의 중요한 일을 가족 구성원이 함께 의논해 결정함.

맞벌이 가정이 늘어남.

부모가 함께 자녀를 돌봄.

역할을 나눠 집안일을 함.

가족회의로 집안일을 의논함.

☑ 오늘날에는 남성과 여성의 역할 구분이 ❶(없어 / 뚜렷해)졌습니다.

2 가족 구성원의 역할이 변화하게 된 까닭은 무엇일까?

남녀 모두 **사회 활동**의 기회가 동등해짐.

남녀 모두 **교육** 받을 기회가 동등해짐.

↳ 자격, 등급 등이 서로 같음.

남녀가 **평등**하다는 의식이 높아짐.

✓ 오늘날에는 교육 받을 기회가 늘어나면서 **여성의 사회 진출이 활발해졌고 남녀가** ❷(평등 / 불평등) 하다는 의식이 높아지면서 가족 구성원의 역할도 변화했습니다.

3 가족 간의 갈등을 해결하려면 어떤 자세가 필요할까?

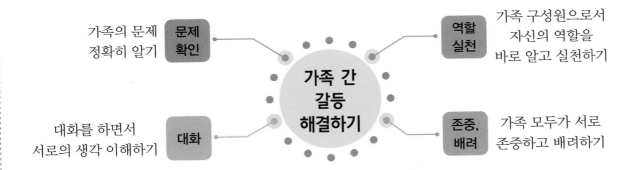

가족의 문제 정확히 알기 — **문제 확인**

역할 실천 — 가족 구성원으로서 자신의 역할을 바로 알고 실천하기

가족 간 갈등 해결하기

대화를 하면서 서로의 생각 이해하기 — **대화**

존중, 배려 — 가족 모두가 서로 존중하고 배려하기

✓ 가족끼리 대화를 하면서 서로 이해하고 배려하며 협력하는 자세가 필요합니다.

정답 ❶ 없어 ❷ 평등

🐼 **개념 체크**

정답과 풀이 14쪽

1 옛날에는 집안일을 주로 ☐ ☐ 가 했습니다.

2 오늘날에는 남녀가 평등하다는 의식이 ☐ 아졌습니다.

3 가족 모두가 서로 존중하고 ☐ ☐ 하는 마음을 가져야 합니다.

보기
• 남자   • 여자
• 높   • 낮
• 배려   • 질투

1 옛날 가족 구성원의 역할과 관련하여 다음의 일을 주로 했던 사람을 찾아 줄로 이으시오.

(1) 바깥일 ·

(2) 집안일 ·

· ㉠ 남자

· ㉡ 여자

2 오늘날 가족 구성원의 역할 변화 모습으로 알맞지 <u>않은</u> 것은 어느 것입니까? ( )

①
▲ 역할을 나눠 집안일을 함.

②
▲ 가족회의로 집안일을 의논함.

③
▲ 어머니 혼자 자녀를 돌봄.

④
▲ 부모가 모두 일하는 경우가 많아짐.

3 옛날과 달라진, 오늘날 가족 구성원의 역할을 보기 에서 찾아 기호를 쓰시오.

보기
㉠ 집안의 중요한 일은 아버지 혼자 결정합니다.
㉡ 집안일을 가족 구성원이 함께 나누어서 합니다.
㉢ 여성은 사회생활을 하지 않고 가정에서 집안일을 도맡아 합니다.

( )

4 가족 구성원의 역할이 변화하게 된 까닭에 대해 알맞게 말한 어린이를 쓰시오.

> 다현 : 여성의 사회 진출이 제한되었기 때문이야.
> 우영 : 남녀가 평등하다는 의식이 낮아졌기 때문이야.
> 현수 : 남녀 모두 교육 받을 기회가 동등해졌기 때문이야.

(   )

5 가족 간의 갈등을 해결하기 위해 필요한 자세를 두 가지 고르시오. (,   )

① 서로에게 관심을 갖지 않는다.

② 갈등의 원인을 서로에게 떠넘긴다.

③ 대화를 하면서 서로의 생각을 나눈다.

④ 가족이 겪고 있는 갈등을 알려고 하지 않는다.

⑤ 가족 구성원으로서 자신의 역할을 바로 알고 실천한다.

4주

똑똑한 **하루 퀴즈**

6 아인이는 가족 간의 갈등을 해결하기 위해 필요한 자세가 적힌 징검돌을 밟아야만 집에 도착할 수 있어요. 아인이가 밟아야 할 징검돌을 선으로 연결하세요.

4일 다양한 가족

혹시 다문화 가족이 되는 거야?

랄프 씨! 단둘이 하고 싶은 이야기가 있어요.

펑

설마 누나도 형을 좋아하는 거야?

글쎄~ 언니와 오빠는 국적이 다르니까 만약 둘이 결혼하면 ◎**다문화 가족**이 되는 거네!

다문화 가족, ◎**조손** 가족, 그리고 자녀 없이 부부끼리 살거나 반려동물을 가족처럼 여기는 등 우리 사회에는 다양한 형태의 가족들이 함께 살아가고 있어.

우리 지역의 다양한 가족을 위해 음악회를 여는데, 밴드 멤버가 부족해요.

열심히 연습할 테니 뭐든 시켜 주세요.

오예에에에

다문화 가족이 될지는 더 지켜봐야겠어.

용어 체크

◎ 다문화 가족

국적과 문화가 다른 남녀가 만나 구성된 가족
└→ 어떤 사람이 국민으로 소속되어 있는 나라

예 세계화가 되면서 ❶ [   ] 가족이 늘어나고 있다.

◎ 조손

조부모(할아버지와 할머니)와 손주를 아울러 이르는 말

祖	孫
할아버지	손자
조	손

예 우리 가족은 할머니, 할아버지, 오빠, 나로 이루어진 ❷ [   ] 가족이다.

 정답 ❶ 다문화 ❷ 조손

형태가 달라도 모두 가족이야!

대부분의 가족은 남녀가 만나 결혼해서 자녀를 **○출산**함으로써 만들어져. 하지만 모든 가족이 그런 건 아니야.

맞아. 어떤 가족은 자녀를 **○입양**하기도 하고, 어떤 가족은 자녀 없이 살아가기도 해.

참! 다음 주에 다양한 형태의 가족들을 초대해 음악회를 여는데, 랄프 씨도 함께하기로 했어.

한편

조아 씨를 위해 연습에 연습을……

꾸악!!

삐끗

기타 연주는 무리인 것 같아요.

장 자~ 자장~

이런 연주는 처음이야. 대체 멤버 결정!

어쩌죠? 대체할 멤버가 없는데……

점수 딸 기회를 허무하게 날려버리다니.

짝사랑에는 고난이 많은 법이지.

용어 체크

○ 출산

아이를 낳음.

예 엄마는 이모가 쌍둥이를 [①　　　]했다는 소식을 알려 주셨다.

○ 입양   └→같은 핏줄에 의하여 연결된 인연

혈연관계가 아닌 사이에서 법적으로 부모와 자식 관계를 맺는 것

예 어떤 가족은 자녀의 [②　　　]을 통해 가족 구성원이 늘어나기도 한다.

정답 ① 출산 ② 입양

1 우리 사회에는 어떤 가족들이 살고 있을까?

다문화 가족

우리 엄마는 베트남에서 왔어요.

국적과 문화가 다른 남녀가 만나 구성된 가족

한 부모 가족

부모 중 한 명과 자녀가 사는 가족

이외에도 확대 가족과 핵가족 등이 있어.

입양 가족

이제 우리 딸이 된 거죠?

자녀를 입양하여 만들어진 가족

재혼 가족

한 가족이 된 기념으로 함께 사진을 찍어요.

부부가 헤어진 뒤 다른 사람과 다시 결혼해 이룬 가족

조손 가족

할아버지, 할머니가 손주와 함께 사는 가족

☑ 우리 사회에는 **다문화 가족, 입양 가족, 조손 가족 등** ❶(다양한 / 하나의) 형태의 가족이 있습니다.

2 다양한 가족의 생활 모습을 살펴볼까?

다양한 형태의 가족들이 생활하는 모습이 담긴 자료

재혼 가족

두 가족이 새롭게 한 가족이 되어 행복해 보임.

입양 가족

20○○년 ○○월 ○○일

김□□ 씨 부부의 자녀들은 모두 10명이다. 그중에 8명은 가슴으로 낳은, 입양한 아이들이다.

⋮

많은 아이를 입양해서 키우고 있음.

조손 가족

문화가 다른 할머니와의 생활에서 어려움을 겪기도 하지만, 사랑으로 돌보아 주심.

✔ 가족마다 그 형태나 구성원이 ❷(같기 / **다르기**) 때문에 살아가는 모습도 다양합니다.

정답 ❶ 다양한 ❷ 다르기

개념 체크

◦ 정답과 풀이 14쪽

1 국적이 다른 남녀가 만나 이루어진 ☐☐☐ 가족도 있습니다.

2 부모님의 ☐☐ 을 통해 두 가족이 새롭게 한 가족이 됩니다.

3 할머니와 손자로 구성된 가족은 ☐☐ 가족에 해당합니다.

보기
• 다문화　• 맞벌이
• 재혼　　• 이혼
• 입양　　• 조손

4일 개념 확인하기

1 다음 가족 모습을 보고, 한 부모 가족을 찾아 기호를 쓰시오.

(   )

2 조손 가족의 구성원으로 알맞은 것은 어느 것입니까? (   )

① 어머니, 나

② 아버지, 어머니, 나

③ 할아버지, 할머니, 나

④ 아버지, 어머니, 삼촌, 형, 나

⑤ 할아버지, 할머니, 아버지, 어머니, 나

3 다음 만화와 관련 있는 가족의 형태는 어느 것입니까? (   )

① 조손 가족

② 재혼 가족

③ 입양 가족

④ 확대 가족

⑤ 한 부모 가족

4 다음은 가족들이 생활하는 모습을 어떤 자료로 나타낸 것입니까? (　　　)

① 시 　　　　　② 노래 　　　　　③ 신문

④ 일기 　　　　　⑤ 영화

집중 연습 문제 **다문화 가족**

5 다문화 가족에 대한 설명으로 알맞은 것을 보기 에서 찾아 기호를 쓰시오.

> **보기**
> ㉠ 결혼한 자녀와 부모가 함께 사는 가족
> ㉡ 할아버지, 할머니가 손주와 함께 사는 가족
> ㉢ 국적과 문화가 다른 남녀가 만나 구성된 가족

(　　　　　)

㉠~㉢은 어떤 가족에 대한 설명인지 써 볼까?

• ㉠ ➡ [　　　] 가족

• ㉡ ➡ [　　　] 가족

• ㉢ ➡ [　　　] 가족

6 다문화 가족을 찾아 ○표를 하시오.

(1)

(　　　　　)

(2)

(　　　　　)

형태나 생활 모습은 다르지만 모두 '가족'이야.

1 옛날과 오늘날의 결혼식 모습

많은 사람에게 결혼을 알리고, 신랑과 신부가 행복하기를 바라는 마음은 변하지 않았어.

옛날의 결혼식	구분	오늘날의 결혼식
신부의 집	결혼식을 하는 장소	결혼식장
한복	결혼식 때 입는 옷	턱시도(신랑), 웨딩드레스(신부)
나무 기러기	결혼식을 할 때 주고받는 것	결혼반지
신랑의 집에서 신랑의 부모님께 폐백을 드림.	폐백	결혼식장의 폐백실에서 신랑과 신부의 부모님께 폐백을 드림.

2 옛날과 오늘날의 가족 형태

▲ 확대 가족

주로 농사를 지어 일손이 많이 필요했기 때문에 확대 가족이 많았음.

산업화와 도시화

▲ 핵가족

교육, 취업을 위해 이사를 가거나 독립하는 경우가 늘어나면서 핵가족이 많아졌음.

3 가족 구성원의 역할

① 옛날과 오늘날 가족 구성원의 역할

오늘날에는 부모가 모두 일하는 경우가 많아졌어.

옛날	집안일은 주로 여자가 하고 바깥일은 주로 남자가 하는 등 가족 구성원의 역할이 구분되어 있었음.
오늘날	남녀의 역할 구분이 없어지고, 집안일을 가족 구성원이 함께 나누어 함.

② 가족 구성원의 역할이 변화하게 된 까닭 : 오늘날에는 교육 받을 기회가 늘어나면서 여성의 사회 진출이 활발해졌고, 남녀가 평등하다는 의식이 높아졌기 때문입니다.

4 다양한 가족이 살아가는 모습

가족의 형태는 각각 다르지만, 서로 의지하고 사랑하며 사는 모습은 비슷해.

① 오늘날의 다양한 가족 형태

다양한 형태의 가족

핵가족　　확대 가족

다문화 가족　　재혼 가족　　입양 가족

조손 가족　　한 부모 가족

② 다양한 형태의 가족들이 생활하는 모습이 담긴 자료

20○○년 ○○월 ○○일
김□□ 씨 부부의 자녀들은 모두 10명이다. 그중에 8명은 가슴으로 낳은, 입양한 아이들이다. 몇 명의 아이에게 장애가 있지만, 부부는 모든 아이가 건강하게 자라도록 사랑으로 보살피고 있다.

▲ 입양 가족의 생활 모습이 담긴 신문

○○월 ○○일 ○요일	날씨 : 맑음 ☀
제목 : 우리 엄마	
오늘 베트남에 대해 다룬 뉴스를 가족들과 함께 봤다. 엄마는 고향 생각이 나셨는지 눈물을 흘리셨다. 엄마는 베트남에 계신 할머니가 보고 싶다고 하셨다. 나도 학교에 있으면 엄마가 보고 싶은데……. 엄마! 힘내세요.	

▲ 다문화 가족의 생활 모습이 담긴 일기

4주

옛날 결혼식에서 신랑과 신부는 왜 궁궐에서 입는 옷을 입었을까?

예의를 갖춰 대우함.

↘ 신랑과 신부를 결혼식 날 최고로 예우하기 위해서 신랑은 옛날 벼슬아치들의 옷을 입었고, 신부는 궁중 의식에 쓰이던 옷을 입었어.

▲ 옛날의 결혼식 모습

 결혼식 때 왜 국수를 먹었을까?

↘ 결혼식 날 국수를 먹는 것은 신랑과 신부가 맺은 인연이 국수처럼 길고 오래도록 이어지기를 기원하기 위해서야.

5일 4주 마무리하기 문제

1일 옛날과 오늘날의 결혼 풍습

1 옛날에 혼례를 치른 신부가 신랑의 집으로 갈 때 탔던 오른쪽 ㉠은 무엇입니까? (   )

① 가마
② 지게
③ 뗏목
④ 돛단배
⑤ 소달구지

서술형

2 다음은 옛날과 오늘날의 결혼식 모습을 비교한 표입니다. ㉠과 ㉡에 들어갈 알맞은 말을 각각 쓰시오.

옛날의 결혼식	구분	오늘날의 결혼식
나무 기러기	결혼식을 할 때 주고받는 것	㉠
㉡	폐백	결혼식장에 있는 폐백실에서 신랑과 신부의 부모님께 폐백을 드림.

(1) ㉠ : (   )

(2) ㉡ : _____

_____

3 옛날과 오늘날의 결혼식을 비교했을 때 변하지 않은 것을 보기에서 찾아 기호를 쓰시오.

보기
㉠ 사람들에게 두 사람의 결혼을 알리지 않는 모습
㉡ 결혼식을 하고 신부의 집에서 며칠을 지내는 모습
㉢ 가족과 친척이 모여 신랑과 신부의 행복한 미래를 축복해 주는 모습

(   )

2일 옛날과 오늘날의 가족 형태

4 다음과 같이 구성된 가족을 보기 에서 찾아 기호를 쓰시오.

- 할아버지 • 할머니
- 아버지 • 어머니
- 나 • 여동생

보 기
㉠ 핵가족 ㉡ 확대 가족 ㉢ 한 부모 가족

( )

5 다음 그림을 참고하여 □ 안에 들어갈 알맞은 말을 쓰시오.

옛날에는 주로 □□□를 지어 일손이 많이 필요했기 때문에 자녀가 결혼한 후에도 부모와 함께 사는 경우가 많았습니다.

( )

6 오늘날 핵가족이 많아진 까닭으로 알맞지 <u>않은</u> 것은 어느 것입니까? ( )

① 개인 생활을 위해 독립을 해서
② 자녀 교육을 위해 도시로 이사를 가서
③ 취업을 위해 다른 지역으로 이사를 가서
④ 결혼 후 부모님과 함께 사는 사람들이 늘어나서
⑤ 장사를 하려고 사람들이 많은 곳으로 이사를 가서

3일 가족 구성원의 역할

7 다음 옛날 가족의 생활 모습을 보고 알맞게 말한 어린이를 쓰시오.

▲ 할아버지와 글공부를 하는 남자아이

▲ 농사일을 하는 아버지

▲ 집안일을 하는 어머니와 어머니를 돕는 여자아이

규민 : 바깥일은 주로 여자가 했어.

지원 : 남녀 모두 교육 받을 기회가 동등하게 주어졌어.

슬기 : 남녀에 따라 가족 구성원의 역할이 구분되어 있었어.

( )

8 옛날과 달라진 오늘날 가족 구성원의 모습을 두 가지 고르시오. (,)

① 사회 활동은 남자만 한다.

② 가족회의로 집안일을 의논한다.

③ 자녀를 돌보는 일은 어머니가 도맡아 한다.

④ 집안일을 가족 구성원이 함께 나누어 한다.

⑤ 가장인 아버지의 뜻에 따라 집안의 중요한 일을 결정한다.

9 가족 간의 갈등을 해결하기 위해 필요한 자세가 <u>아닌</u> 것은 어느 것입니까? ( )

① 서로 이해하고 협력한다.

② 가족 간 갈등을 무시한다.

③ 대화를 하면서 서로의 생각을 나눈다.

④ 가족 모두가 서로 존중하고 배려한다.

⑤ 가족 안에서 자신의 역할을 바로 알고 실천한다.

10 다음 가족 구성원과 관련 있는 가족 형태를 찾아 줄로 이으시오.

(1) 아버지, 누나, 나 •

•㉠ 조손 가족

(2) 할머니, 할아버지, 나 •

•㉡ 한 부모 가족

11 오른쪽 신문 기사에 나타난 가족의 형태로 가장 알맞은 것은 어느 것입니까? (   )

① 조손 가족
② 재혼 가족
③ 입양 가족
④ 확대 가족
⑤ 한 부모 가족

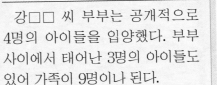

2000년 ○○월 ○○일

강□□ 씨 부부는 공개적으로 4명의 아이들을 입양했다. 부부 사이에서 태어난 3명의 아이들도 있어 가족이 9명이나 된다.

⋮

똑똑한 하루 퀴즈

12 다음 ❶과 ❷에 해당하는 용어를 글자 칸에서 찾아 각각 쓰세요.

확	폐	대	백
혼	가	례	족
입	핵	양	인

❶ 결혼식을 마치고 신부가 신랑의 집안 어른들께 첫인사를 올리는 것

❷ 결혼하지 않은 자녀와 부모가 함께 사는 가족

❶ (   ) ❷ (   )

1 다음 질문에 대한 댓글로 알맞은 것은 어느 것입니까? (   )

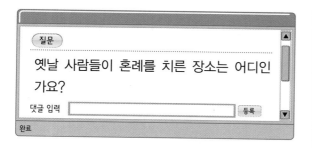

질문

옛날 사람들이 혼례를 치른 장소는 어디인가요?

댓글 입력 [   ] [등록]

완료

① 논   ② 강가
③ 서당   ④ 신랑의 집
⑤ 신부의 집

2 옛날의 결혼식에서 신랑이 신부에게 주었던 것은 어느 것입니까? (   )

①
▲ 부케

②
▲ 복조리

③
▲ 결혼반지

④
▲ 나무 기러기

3 오늘날의 결혼식 모습으로 알맞지 <u>않은</u> 것은 어느 것입니까? (   )

결혼식을 하는 장소	① 결혼식장
결혼식 때 입는 옷	② 신랑 – 턱시도 ③ 신부 – 웨딩드레스
폐백을 드리는 대상	④ 주례
결혼식 후에 하는 일	⑤ 신혼여행

4 다음 할머니의 말씀과 관련 있는 가족에 ○표를 하시오.

옛날에는 주로 농사를 지어 일손이 많이 필요했기 때문에 자녀가 결혼한 후에도 부모와 함께 사는 경우가 많았지.

(핵가족 / 확대 가족)

5 오늘날에 핵가족이 많은 까닭 중 다음 그림과 관련 있는 것을 보기에서 찾아 기호를 쓰시오.

도시에 직장을 구하게 되어 부모님과 떨어져 살게 되었어요.

보기
㉠ 결혼   ㉡ 교육   ㉢ 취업

(   )

6 옛날 가족 구성원 중 여성의 생활 모습으로 알맞은 것은 어느 것입니까? (   )

① 사회생활을 활발히 했다.

② 가정에서 집안일을 도맡아 했다.

③ 주로 농사일이나 바깥일을 했다.

④ 교육 받을 기회가 많이 주어졌다.

⑤ 집안의 중요한 일을 혼자 결정했다.

7 오늘날 가족 구성원의 역할 변화 모습으로 알맞은 것에 ○표를 하시오.

(1)

▲ 어머니 혼자 자녀를 돌봄.

(   )

(2)

▲ 부모가 함께 자녀를 돌봄.

(   )

8 가족 간의 갈등을 해결하기 위해 필요한 자세가 아닌 것은 어느 것입니까? (   )

① 대화   ② 배려

③ 무시   ④ 이해

⑤ 협력

9 다음 □ 안에 들어갈 말로 알맞은 것은 어느 것입니까? (   )

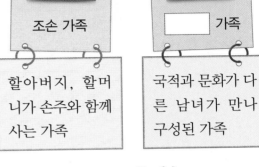

조손 가족 — 할아버지, 할머니가 손주와 함께 사는 가족

□ 가족 — 국적과 문화가 다른 남녀가 만나 구성된 가족

① 입양   ② 재혼

③ 확대   ④ 다문화

⑤ 한 부모

10 오늘날의 가족 형태에 대해 알맞게 말한 어린이를 쓰시오.

여준 : 확대 가족은 전부 사라졌어.

재욱 : 모든 가족은 가족 구성원이 같아.

소이 : 우리 사회에는 다양한 형태의 가족이 있어.

정원 : 우리 가족과 형태가 다르면 가족으로 볼 수 없어.

(   )

4주특강

생활 속 사회

결혼식 외에 옛날과 오늘날의 의례 모습을 살펴봅니다.

옛날과 오늘날의 의례 모습 비교 – 돌잔치

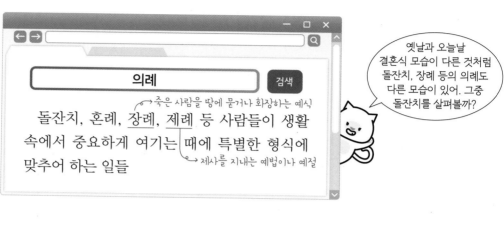

검색: **의례**

돌잔치, 혼례, 장례, 제례 등 사람들이 생활 속에서 중요하게 여기는 때에 특별한 형식에 맞추어 하는 일들

→ 죽은 사람을 땅에 묻거나 화장하는 예식
→ 제사를 지내는 예법이나 예절

> 옛날과 오늘날 결혼식 모습이 다른 것처럼 돌잔치, 장례 등의 의례도 다른 모습이 있어. 그중 돌잔치를 살펴볼까?

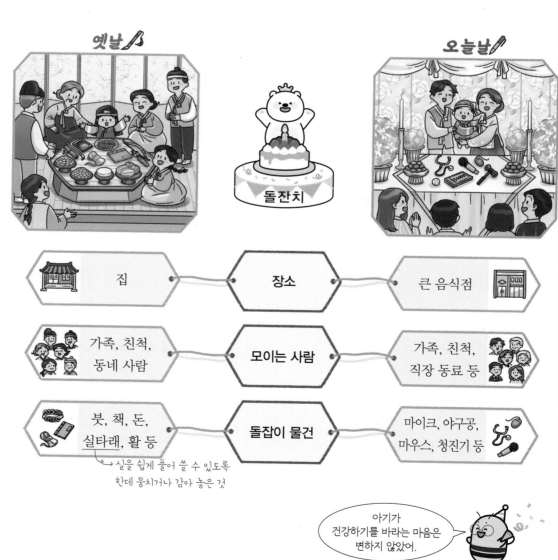

옛날

오늘날

돌잔치

집	장소	큰 음식점
가족, 친척, 동네 사람	모이는 사람	가족, 친척, 직장 동료 등
붓, 책, 돈, 실타래, 활 등	돌잡이 물건	마이크, 야구공, 마우스, 청진기 등

→ 실을 쉽게 풀어 쓸 수 있도록 한데 뭉치거나 감아 놓은 것

> 아기가 건강하기를 바라는 마음은 변하지 않았어.

1 다음은 옛날의 돌잔치를 소개한 책 중 일부 내용입니다.

옛날에는 돌잔치를 ⓛ 에서 했어요. 백설기와 수수경단을 만들어 돌상을 차리고 붓과 실타래, 돈, 활과 같은 물건을 아기 앞에 놓았지요. 사람들은 아기가 물건 중에서 하나를 고르면 아기가 커서 그것과 관련된 일을 할 것이라고 생각했어요. 돌을 축하하러 온 동네 사람들은 "큰 인물이 되어라.", "오래 살아라." 등의 덕담을 한마디씩 건넸어요.

남이 잘되기를 비는 말

(1) 위 책의 ㉠에 들어갈 그림을 찾아 ○표를 하시오.

▲ 마이크

▲ 축구공

▲ 책

▲ 청진기

(2) 위 책의 ⓛ에 들어갈 알맞은 장소를 보기에서 찾아 쓰세요.

보기
• 집   • 서당   • 어린이집   • 큰 음식점

(   )

사고 쑥쑥

확대 가족과 핵가족의 특징을 구분하여 살펴봅니다.

2 다음 단서를 토대로 하율이네 가족의 형태를 맞혀 보려고 해요. 누가 정답을 알맞게 말했는지 쓰세요.

하율이네 가족의 형태는?

단서 ❶
옛날에 많았던 가족 형태예요.

단서 ❷
결혼한 자녀와 부모가 함께 사는 가족을 말해요.

단서 ❸
하율이는 할아버지, 아빠, 엄마와 함께 살고 있어요.

랄프
정답은 핵가족이야!

햄이
아니야. 확대 가족이야.

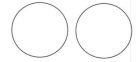

3 다음은 가족 형태와 관련된 초성 퀴즈입니다.

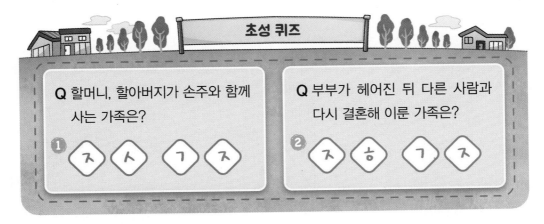

(1) 위 초성 퀴즈의 **1**과 **2**의 정답을 각각 쓰세요.

1 (   ) **2** (   )

(2) 다양한 형태의 가족을 대하는 태도에 대해 알맞게 말하면 선물을 받을 수 있대요. 선물을
받을 수 있는 친구를 모두 찾아 쓰세요.

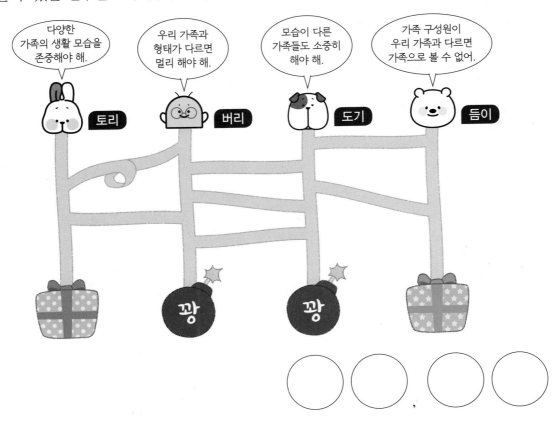

4주 특강 논리 탄탄

문제를 풀며 가족 구성원의 역할 변화에 대해 알아봅니다.

4 다음 칸을 지날 때마다 가족 구성원의 생활 모습에 대한 내용이 나와요. 알맞은 내용에는 5를 더하고, 알맞지 <u>않은</u> 내용에는 5를 뺐을 때 도착 지점에서 나오는 숫자를 계산하여 쓰세요.

계산한 숫자

가족 구성원 사이의 갈등을 해결하는 데 필요한 자세를 알아봅니다.

5 다음과 같은 가족 간 갈등을 해결하기 위해 필요한 자세를 찾아 이동하려고 해요. 자신이 있는 위치에서 이동해야 할 방향을 알맞게 말한 사람을 쓰세요.

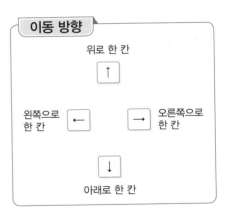

자연

나라

랄프

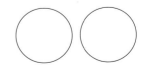

똑똑한 하루 사회
용어 모음

1~4주 동안 공부한
사회 용어를
ㄱㄴㄷ 순서로 정리했어요!

매일 조금씩 **공부력** UP

똑똑한 하루
독해&어휘

쉽다!

10분이면 하루치 공부를 마칠 수 있는
커리큘럼으로, 아이들이 쉽고 재미있게
독해&어휘에 접근할 수 있도록 구성

재미있다!

교과서는 물론 생활 속에서 쉽게
접할 수 있는 다양한 소재를 활용해
흥미로운 학습 유도

똑똑하다!

초등학생에게 꼭 필요한 상식과 함께
창의적 사고력 확장을 돕는
게임 형식의 구성으로 독해력&어휘력 학습

공부의 핵심은 독해!
예비초~초6 / 총 6단계, 12권

독해의 시작은 어휘!
예비초~초6 / 총 6단계, 6권

🎐 쉽다!

10분이면 하루치 공부를 마칠 수 있는 커리큘럼으로,
아이들이 초등 학습에 쉽고 재미있게 접근할 수 있도록 구성하였습니다.

🧩 재미있다!

교과서는 물론 생활 속에서 쉽게 접할 수 있는 다양한 소재와
재미있는 게임 형식의 문제로 흥미로운 학습이 가능합니다.

📖 똑똑하다!

초등학생에게 꼭 필요한 학습 지식 습득은 물론
창의력 확장까지 가능한 교재로 올바른 공부습관을 가지는 데 도움을 줍니다.

정답과 풀이

똑똑한
하루
사회

3-2

 천재교육

정답과 풀이

1주 환경에 따라 다른 삶의 모습

1일 땅의 생김새와 계절에 따른 생활 모습

13쪽 개념 체크

1 인문   2 바다   3 여름

14~15쪽 개념 확인하기

1 ㉠, ㉢   2 ②   3 ①, ③   4 ④, ⑤
5 (3) ○

똑똑한 하루 퀴즈

6
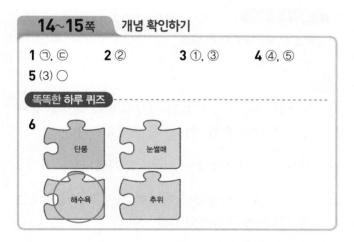

풀이

1 산, 들, 하천, 바다와 같은 땅의 생김새와 날씨에 영향을 주는 눈, 비, 바람, 기온 등을 자연환경이라고 합니다.

> **왜 틀렸을까?**
> ㉢ 시장, ㉣ 공장, ㉤ 아파트, ㉥ 공원은 인문 환경입니다.

2 사람들은 들이 펼쳐진 곳에 도로와 아파트, 큰 건물 등을 짓습니다.

3 사람들은 바다에서 물고기를 잡거나 염전을 만들어 소금을 얻습니다.

4 하천의 물을 생활용수와 공업용수로 이용하거나, 주변에 공원을 만들어 이용합니다.

5 기온이 낮아 춥고 눈이 내리기도 하는 겨울에는 난로를 이용해 몸을 따뜻하게 합니다.

6 기온이 높아 더운 여름에는 선풍기 등을 사용하고 해수욕 등을 즐깁니다.

2일 고장 사람들이 하는 일

19쪽 개념 체크

1 바다   2 버섯   3 다양한

20~21쪽 개념 확인하기

1 주혁   2 ④   3 ④   4 ①, ③

똑똑한 하루 퀴즈

5
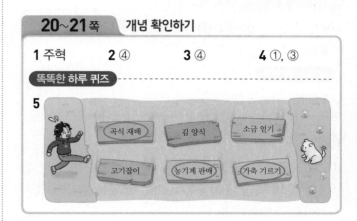

풀이

1 민우네 고장은 바다가 있는 고장입니다. 바닷가에 자리 잡은 마을의 해안가에는 갯벌이나 모래사장, 혹은 자갈밭이 넓게 펼쳐져 있습니다.

2 바다가 있는 고장에 사는 사람들은 주로 물고기를 잡거나 김과 미역을 기르는 일 등을 합니다. 또 식당이나 숙박 시설을 운영하기도 하고, 물고기를 잡는 기구를 팔거나 수리하는 일을 합니다.

> **왜 틀렸을까?**
> ④ 숲에서 목재를 얻고 꿀을 얻기 위해 벌을 기르는 일은 산이 많은 고장 사람들이 주로 하는 일입니다.

3 산에는 비탈진 곳이 많아 농사지을 장소가 충분하지 않기 때문에 경사지를 계단처럼 만들어 이용합니다.

4 도시에는 많은 시설을 비롯한 인문 환경이 있습니다. 이러한 인문 환경을 활용해 사람들은 다양한 일을 하며 살아갑니다. 공장이나 회사에서 일하기도 하고 물건이나 음식을 팔기도 합니다.

5 논과 밭이 있는 고장의 사람들은 주로 곡식과 채소 등을 재배합니다.

3일 자연환경에 따른 의생활

25쪽 개념 체크

1 의생활   **2** 겨울   **3** 모래바람

26~27쪽 개념 확인하기

1 ④   **2** (1) ㉡ (2) ㉠ (3) ㉢   **3** ③, ⑤

4 ⑤

집중 연습 문제 ------

5 (2) ○   **6** ③

풀이

1 의식주는 사람들이 살아가는 데 반드시 필요한 입을 옷과 먹을 음식, 자거나 쉴 수 있는 집을 통틀어 이르는 말입니다.

▲ 의생활   ▲ 식생활   ▲ 주생활

2 의생활은 옷, 식생활은 음식, 주생활은 집과 관련된 것들입니다.

3 날씨가 더울 때에는 더위를 피하기 위한 옷을 입습니다.

4 온몸을 감싸는 옷은 강한 햇볕과 모래바람을 막는 데 도움을 줍니다.

5 덥고 비가 많이 내리는 고장에서는 바람이 잘 통하는 긴 옷을 입고 챙이 넓은 모자를 씁니다.

《 왜 틀렸을까? 》

(1)은 낮과 밤의 기온 차가 큰 고장 사람들의 의생활 모습으로, 낮의 뜨거운 햇볕을 막고 밤의 추위를 견디려고 망토와 같은 긴 옷을 걸치고 모자를 씁니다.

6 춥고 눈이 많이 내리는 고장에서는 동물의 털과 가죽으로 만든 두꺼운 옷을 입고 발목까지 감싸는 부츠를 신습니다.

4일 자연환경에 따른 식생활과 주생활

31쪽 개념 체크

1 안동   **2** 홍수   **3** 너와집

32~33쪽 개념 확인하기

1 ②   **2** ⑤   **3** (2) ○   **4** ⑤

5 ⑤

똑똑한 하루 퀴즈 ------

6 퀴즈 1 : 눈   퀴즈 2 : 이즈바

풀이

1 전주는 주변의 넓은 들과 산에서 쌀과 채소를 쉽게 구할 수 있을 뿐만 아니라 장맛이 좋습니다.

2 서산 근처 바닷가에서는 굴이 잘 자랍니다.

3 소를 키우는 낙농업이 발달한 산지의 고장에서는 치즈를 이용한 음식이 많습니다.

《 왜 틀렸을까? 》

(1) 열대 과일로 만든 음식은 날씨가 덥고 습해 열대 과일이 많이 나는 고장에서 발달한 음식입니다.

(3) 생선으로 만든 음식은 바다로 둘러싸여 해산물이 풍부한 고장에서 발달한 음식입니다.

4 터돋움집은 땅 위에 터를 돋우어 높은 곳에 지은 집입니다.

5 화산 폭발이 있던 고장에서는 화산 폭발로 만들어진 단단하지 않은 바위 속을 파서 집을 지었습니다.

▲ 동굴집(터키)

6 고장의 계절과 날씨, 땅의 생김새 등은 고장 사람들의 주생활에 영향을 줍니다.

5일 1주 마무리하기

36~39쪽 마무리하기 문제

1 ②	**2** ③	**3** (1) 겨울 (2) 가을 (3) 여름
4 ④	**5** ㉢	**6** 예 공장이나 회사에서 일한다.
7 ③	**8** ④	**9** (3) ○ **10** ②
11 ㉡		

똑똑한 하루 퀴즈

12 재현

풀이

1 땅의 생김새와 날씨에 영향을 주는 눈, 비, 바람, 기온 등을 자연환경이라고 합니다.

2 산은 주로 공원이나 등산로를 만들어 이용합니다.

3 봄은 꽃구경, 여름은 물놀이, 가을은 단풍 구경, 겨울은 난로 사용 등의 생활 모습을 볼 수 있습니다.

4 바다가 있는 고장의 사람들은 주로 바다에서 물고기를 잡는 일을 하며 살아갑니다.

▲ 물고기잡이   ▲ 물고기를 잡는 기구 판매하기

5 산이 많은 고장에 사는 사람들은 주로 산을 이용해 살아갑니다.

6 도시 사람들은 인문 환경을 활용해 다양한 일을 하며 살아갑니다.

> **(인정 답안)**
>
> 도시에 사는 사람들이 하는 일을 알맞게 썼으면 정답으로 인정합니다.
>
> **인정 답안의 예**
> • 백화점이나 할인점에서 물건을 판다.
> • 버스를 운전한다.

7 여름에는 더위를 피하려고 바람이 잘 통하는 소재로 만든 옷을 입거나 햇볕을 막는 모자를 쓰기도 합니다.

8 낮과 밤의 기온 차가 큰 고장에서는 망토와 같은 긴 옷을 걸치고 모자를 씁니다.

9 춥고 눈이 많이 오는 고장에서는 동물의 털과 가죽으로 만든 두꺼운 옷을 입습니다.

10 굴이 잘 자라는 서산에서는 굴로 만든 음식이 발달했습니다.

11 우데기는 집에 눈이 들어오는 것을 막으려고 지붕의 끝에서부터 땅까지 내린 벽입니다.

12 바다와 멀리 떨어져 있는 안동에서는 고등어를 운반하는 동안 고등어에 소금을 뿌려서 상하지 않게 했습니다.

1주 | TEST + 특강

40~41쪽 누구나 100점 TEST

1 ③	**2** ④	**3** ①	**4** ①
5 ②	**6** (1) ○	**7** ③	**8** ⑤
9 ㉠	**10** ⑤		

풀이

1 인문 환경은 도로, 아파트, 논, 과수원, 항구 등 사람들이 만든 환경입니다.

> **{ 왜 틀렸을까? }**
> ① 산, ② 바다, ④ 하천은 자연환경입니다.

2 바다에서 물고기를 잡거나 염전을 만들어 소금을 얻고 미역 등을 양식합니다.

3 봄에는 꽃이 핀 곳으로 소풍을 갑니다.

> **{ 왜 틀렸을까? }**
> ② 눈썰매 타기와 ⑤ 난로 사용하기는 겨울, ③ 해수욕 즐기기는 여름, ④ 단풍 구경하기는 가을철 사람들의 생활 모습입니다.

4 바다가 있는 고장에 사는 사람들은 고기잡이, 김 양식 등 주로 바다를 이용한 일을 하며 살아갑니다.

5 논과 밭이 있는 고장의 사람들은 주로 곡식과 채소 등을 재배합니다.

6 겨울철에는 추위를 막기 위해 두꺼운 옷을 입고 장 갑을 끼거나 목도리를 두르기도 합니다.

7 덥고 비가 많이 내리는 고장에서는 바람이 잘 통하는 긴 옷을 입고 챙이 넓은 모자를 씁니다.

8 산지가 많고 날씨가 서늘한 영월에서는 감자를 많이 심으며, 감자로 옹심이를 만듭니다.

9 너와는 지붕을 일 때 기와처럼 쓰는 얇은 돌조각이나 나뭇조각입니다.

10 러시아에서는 날씨가 추워 나무가 곧게 자라기 때 문에 그 나무로 집을 지을 수 있었습니다.

43쪽 생활 속 사회 융합

풀이

① 등산하기, 바다에서 낚시하기는 자연환경을 이용한 여가 생활입니다.

44~45쪽 사고 쑥쑥 창의

③ ㉢

풀이

② 의식주는 사람들이 살아가는 데 반드시 필요한 입을 옷과 먹을 음식, 자거나 쉴 수 있는 집을 말합니다.

③ 바다가 있는 고장에 사는 사람들은 주로 물고기를 잡거나 김 양식 등을 합니다.

46~47쪽 논리 탄탄 코딩

④ ㉡

⑤ 터돋움집

풀이

④ 사막에서는 뜨거운 햇볕과 모래바람을 막으려고 긴 옷을 입고 머리에는 천을 둘러 감습니다.

⑤ 홍수의 위험이 있는 고장에서는 터돋움집을 지어 집이 물에 잠기지 않도록 했습니다.

2_주 옛날과 오늘날의 생활 모습

1_일 옛날의 생활 모습

55쪽 개념 체크

1 돌 2 제사 3 전쟁

56~57쪽 개념 확인하기

1 ④ 2 ㉠ 3 ③, ④ 4 ①

집중 연습 문제

5 (2) ○ 6 주먹도끼

풀이

1 돌을 깨뜨려 도구를 만들던 시대에는 열매를 따거나 동물을 사냥해 먹을거리를 얻었습니다.

▲ 돌을 깨뜨려 도구를 만들던 시대의 생활 모습

2 토기는 흙으로 만든 그릇입니다.

왜 틀렸을까?
㉡ 청동 거울은 제사를 지낼 때, ㉢ 동물의 뼈로 만든 낚시 도구는 물고기를 잡을 때 사용하던 도구입니다.

3 농사짓는 모습이 새겨진 농경문 청동기입니다.

4 철로 만든 농사 도구를 사용하면서 농업은 크게 발달했습니다.

5 추위를 피하거나 동물들의 공격을 막기 위해 주로 동굴이나 바위 그늘에서 살았습니다.

6 주먹도끼는 손에 쥐고 쓸 수 있는 도끼의 형태로, 동물을 사냥하거나 동물의 털과 가죽을 분리할 때 사용한 도구입니다.

2_일 농사 도구의 발달

61쪽 개념 체크

1 돌 2 트랙터 3 증가

62~63쪽 개념 확인하기

1 ④, ⑤ 2 ① 3 (1) 쟁기 (2) 콤바인 (3) 트랙터
4 ㉢, ㉣, ㉠, ㉡ 5 ②, ④

똑똑한 하루 퀴즈

6 반달 돌칼

풀이

1 돌괭이는 긴 나무 막대기 끝에 뾰족한 돌을 묶어 만들었습니다.

왜 틀렸을까?
① 돌괭이는 돌로 만든 농사 도구입니다.
② 소를 이용한 농사 도구는 쟁기입니다.
③ 오늘날에는 주로 농기계를 이용합니다.

2 땅을 가는 도구는 돌괭이 → 철로 만든 괭이 → 쟁기 → 트랙터 순으로 발달했습니다.

▲ 쟁기   ▲ 트랙터

3 쟁기는 소를 이용한 농사 도구, 콤바인은 수확을 하는 농기계, 트랙터는 땅을 가는 농기계입니다.

4 농사 도구를 만드는 재료는 점차 돌에서 철로 바뀌었고, 오늘날에는 농기계를 사용합니다.

5 농사를 짓는 도구가 발달하면서 한 사람이 농사지을 수 있는 땅이 넓어지고 수확하는 곡식의 양이 늘어났습니다.

6 반달 돌칼은 곡식의 이삭을 딸 때 쓰던 반달 모양의 돌로 만든 칼입니다.

3일 음식과 옷을 만드는 도구의 발달

67쪽 개념 체크

1 토기   **2** 전기밥솥   **3** 재봉틀

68~69쪽 개념 확인하기

1 ⑤   **2** ㉡   **3** ④   **4** ⑤

집중 연습 문제

5 전기밥솥   밥   **6** (2) ○

풀이

1 옛날부터 사람들은 음식을 만들기 위해 여러 가지 도구를 만들어 사용했습니다.

《 왜 틀렸을까? 》
① ㉡은 가마솥입니다.
② ㉠은 토기입니다.
③ 가마솥은 전기를 이용하지 않습니다.
④ 토기에 국물이 있는 음식을 만들어 먹었습니다.

2 철로 만든 무거운 솥뚜껑을 덮으면 솥 안의 뜨거운 김이 빠져나가지 못하기 때문에 쌀이 골고루 익을 수 있었습니다.

▲ 가마솥

3 식물의 줄기를 얇게 뜯어 가락바퀴에 꽂은 막대기에 꼬아서 실을 만들었습니다.

4 재봉틀을 이용해 빠르고 정확하게 바느질을 할 수 있습니다.

5 오늘날에는 주로 전기밥솥을 사용해 밥을 합니다.

6 전기밥솥을 사용하면 불을 피우지 않고 쉽고 빠르게 밥을 지을 수 있습니다.

4일 집의 변화와 사람들의 생활 모습

73쪽 개념 체크

1 움집   **2** 귀틀집   **3** 기와집

74~75쪽 개념 확인하기

1 ①   **2** 서진   **3** ⑤   **4** 움집
5 ⑤

똑똑한 하루 퀴즈

6 ① ③ ⑤ ⑨

풀이

1 옛날 사람들은 동굴이나 바위 그늘에 살면서 추위와 더위를 피하고 동물의 공격으로부터 몸을 보호했습니다.

2 농사를 짓던 사람들은 나무와 흙으로 만든 초가집에 살았습니다. 한 해 농사가 끝나면 볏짚을 새로 엮어 지붕을 덮었습니다.

《 왜 틀렸을까? 》
• 아파트 : 시멘트와 철근을 사용해 여러 층으로 높이 지은 집입니다.
• 기와집 : 흙을 구워 만든 기와로 지붕을 덮어 만든 집입니다.

3 귀틀집은 땅을 파지 않고 통나무를 네모 모양으로 쌓고 그 사이에 진흙을 발라서 지은 집으로 움집보다 크고 튼튼했습니다.

4 움집에 살던 사람들은 하나의 방에서 도구를 손질하고 잠도 자며 살았습니다.

5 기와집은 안채와 사랑채 등으로 구성되어 있습니다. 집의 안채에서는 주로 여자들이, 사랑채에서는 남자들이 머물며 글공부를 하거나 손님을 맞이했습니다.

6 농사짓기를 시작하면서 사람들은 움집을 짓고 한곳에 모여 자리를 잡고 살았습니다.

1 ③　　　　　**2** 예 땅을 일구어 농사를 지었다.　　**3** ⑤

4 ㉡, ㉢, ㉠, ㉣　　　　**5** ②, ③　　　**6** ③

7 (1) ㉢ (2) ㉡ (3) ㉠　　　**8** (3) ○　　　**9** 베틀

10 (1) ㉣ (2) ㉠ (3) ㉡　　　**11** ④

똑똑한 하루 퀴즈

12

움	☆	초	돌	아
집	귀	가	☆	파
☆	동	집	뒤	트
온	굴	☆	헛	간
틀	기	와	집	☆

❶ 초가집　❷ 기와집　❸ 아파트　❹ 움집

풀이

1 돌을 깨뜨려 도구를 만들던 시대의 사람들은 추위를 피하고 동물의 공격을 막기 위해 동굴이나 바위 그늘에서 살았으며 열매를 따거나 동물을 사냥해 먹었습니다.

2 돌을 갈아서 만든 도구를 사용하던 시대에는 강 근처의 땅을 일구어 농사를 짓고 가축을 기르며 살았습니다.

인정 답안

돌을 갈아서 만든 도구를 사용하던 시대의 생활 모습을 알맞게 썼으면 정답으로 인정합니다.

인정 답안의 예
- 강에서 물고기와 조개를 잡았다.
- 흙으로 그릇을 만들었다.
- 강가나 해안가에 모여 살았다.

3 철로 만든 농사 도구를 사용하면서 농업은 크게 발달했고, 철로 만든 무기를 가진 사람들은 전쟁에서 쉽게 이길 수 있었습니다.

4 농사 도구를 만드는 재료가 점차 돌에서 철로 바뀌었고, 오늘날에는 농기계를 이용해 농사를 짓습니다.

5 반달 돌칼은 곡식을 수확하는 데 사용하던 돌로 만든 농사 도구입니다.

6 오늘날에는 트랙터, 콤바인과 같은 농기계를 사용해 힘을 덜 들이고 편리하게 농사를 지을 수 있게 되었습니다.

7 음식을 불에 직접 구워 먹다가 토기를 사용하면서 국물이 있는 음식을 먹을 수 있게 되었으며, 시루를 이용해 생선이나 떡과 같은 음식들을 쪄서 먹을 수 있었습니다.

8 재봉틀은 바느질을 하는 도구입니다.

9 베틀의 발달로 실을 만들 수 있는 식물을 재배해 옷감을 원하는 만큼 만들 수 있게 되었습니다.

10 움집에서는 집 가운데에 불을 피우고 음식을 했으며, 초가집에서는 마당에서 동물을 기르거나 농사와 관련된 여러 가지 일을 했습니다.

11 아파트는 거실과 주방이 연결되어 있고 화장실이 집 안에 있어 사용하기 편리합니다.

12 ❶은 초가집, ❷는 기와집, ❸은 아파트, ❹는 움집에 대한 설명입니다.

2주 | TEST + 특강

1 ⑤　　**2** ⑤　　**3** (2) ○　　**4** ②

5 ②　　**6** ⑤　　**7** ③　　**8** (1) 움집

(2) 기와집　**9** ⑤　　**10** ③

풀이

1 농사를 지어 곡식을 얻은 사람들은 음식을 토기에 담아 보관했습니다.

2 단단하고 날카로운 철로 만든 농사 도구를 사용하면서 농업이 크게 발달했습니다.

3 돌괭이는 땅을 가는 도구입니다.

4 오늘날에는 농기계로 편리하게 농사를 짓습니다.

5 시루 바닥의 구멍으로 뜨거운 김이 올라오게 하여 시루 안의 음식을 익혀 먹었습니다.

6 철로 만든 무거운 솥뚜껑을 덮어 솥 안의 뜨거운 김이 빠져 나가지 못하기 때문에 쌀이 골고루 익습니다.

7 방직기는 옷감을 만드는 기계입니다.

8 움집은 땅을 파서 기둥을 세우고 그 위에 풀과 짚을 덮어 만든 집이고, 기와집은 기와로 지붕을 만든 집입니다.

9 오늘날에는 많은 사람이 아파트에 삽니다.

10 초가집은 볏짚을 엮어 지붕을 만든 집으로, 볏짚은 썩기가 쉬워 한 해 농사가 끝나면 볏짚을 새로 엮어 지붕을 덮었습니다.

85쪽   생활 속 사회 [융합]

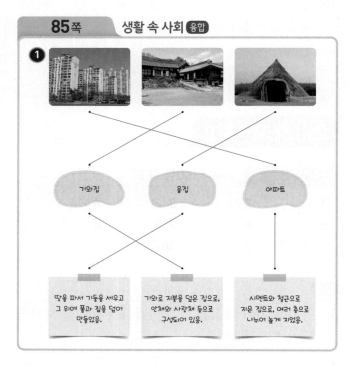

❶
- 기와집 ─ 기와로 지붕을 덮은 집으로, 안채와 사랑채 등으로 구성되어 있음.
- 움집 ─ 땅을 파서 기둥을 세우고 그 위에 풀과 짚을 덮어 만들었음.
- 아파트 ─ 시멘트와 철근으로 지은 집으로, 여러 층으로 나누어 높게 지었음.

풀이

❶ 옛날에는 풀과 나무, 돌, 흙 등을 이용해 집을 만들었지만 오늘날에는 철근, 시멘트 등을 이용합니다.

86~87쪽   사고 쑥쑥 [창의]

❷ (1) 4, 1, 2, 3   (2) 랄프

❸ (1)

▲ 동물의 뼈로 만든 낚시 도구   ▲ 청동 거울   ▲ 가락바퀴

(2) ㉮

풀이

❷ (1) 돌괭이 → 철로 만든 괭이 → 쟁기 → 트랙터 순으로 땅을 가는 도구가 발달했습니다.

(2) 농사 도구가 발달하면서 한 사람이 수확할 수 있는 곡식의 양이 늘었고, 쉽고 편리하게 농사지을 수 있게 되었습니다.

❸ (1) 식물의 줄기를 얇게 뜯어 가락바퀴에 꽂은 막대기에 꼬아서 실을 만들었습니다.

(2) ㉮는 재봉틀, ㉯는 방직기, ㉰는 베틀을 사용하는 모습입니다.

88~89쪽   논리 탄탄 [코딩]

❹ 3154   ❺ 토기

풀이

❹ 주먹도끼는 돌을 깨뜨려 만든 도구입니다.

❺ 음식을 만드는 도구는 토기 → 시루 → 가마솥 → 전기밥솥의 순서로 발달했습니다.

1	1	1	1	1	1	4	4	4	4	4
1	2	2	2	1	1	4	4	4	4	5
1	2	1	1	1	1	3	3	3	4	5
1	2	2	2	1	1	4	4	3	4	5
1	2	1	1	1	1	4	4	3	4	5
1	2	2	2	1	1	4	4	3	4	5
1	1	3	1	1	1	4	4	3	4	5
3	3	3	3	3	1	4	4	4	4	5
1	1	1	1	1	1	4	4	4	4	4

1일 세시 풍속

97쪽 개념 체크

1 명절　　2 풍속　　3 송편

98~99쪽 개념 확인하기

1 ④　　2 ㉡　　3 ⑤　　4 ㉢

5 ②, ⑤

똑똑한 하루 퀴즈

6 추석

풀이

1 해마다 일정하게 지키어 즐기거나 기념하는 때를 명절이라고 합니다.

2 추석과 설날 아침에는 조상들께 음식을 올리고 차례를 지냅니다.

3 한 해의 절기나 달, 계절 등에 따라 하는 생활 관습을 세시 풍속이라고 합니다.

4 강강술래는 여러 사람이 함께 손을 잡고 원을 그리며 빙빙 돌면서 춤을 추고 노래를 부르는 민속놀이로, 2009년에 유네스코 세계 무형 유산으로 지정되었습니다.

《 왜 틀렸을까? 》
㉠ 윷놀이를 하는 모습입니다.
㉡ 쥐불놀이와 달집태우기를 하는 모습입니다.

5 추석에는 풍요와 건강을 기원하며 송편과 토란국을 만들어 먹었습니다. ①은 설날, ③은 동지, ④는 삼복과 관련 있는 음식입니다.

6 추석에는 한 해 동안 농사지은 곡식과 과일을 수확하고 조상들께 감사의 의미로 차례를 지내고 성묘를 했습니다.

2일 옛날의 세시 풍속

103쪽 개념 체크

1 오곡밥　　2 더위　　3 팥죽

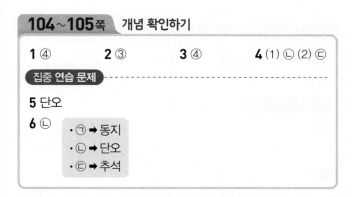

104~105쪽 개념 확인하기

1 ④　　2 ③　　3 ④　　4 (1) ㉡ (2) ㉢

집중 연습 문제

5 단오

6 ㉡
・㉠ ➡ 동지
・㉡ ➡ 단오
・㉢ ➡ 추석

풀이

1 정월 대보름은 음력으로 새해 첫 둥근 보름달이 뜨는 날입니다.

2 찬 음식을 먹는 날이기 때문에 '한식'이라는 이름이 붙었습니다.

3 삼복에는 더위를 피해 시원한 계곡이나 산으로 놀러 가는 풍속이 있었습니다. 사람들은 닭백숙이나 육개장처럼 영양이 풍부한 음식을 먹으면서 더위를 이겨 냈습니다.

《 왜 틀렸을까? 》
①은 추석, ②는 설날, ③은 중양절과 관련 있는 세시 풍속입니다.

4 설날, 정월 대보름, 한식, 단오, 추석, 동지 등과 같이 해마다 일정하게 지키어 즐기거나 기념하는 때를 명절이라고 합니다.

5 사람들은 여름을 시원하게 지내라는 의미로 단오에 서로 부채를 주고받았으며, 씨름 등의 놀이를 즐겼습니다.

6 우리 조상들은 나쁜 병균을 물리치는 효과가 있는 창포물에 머리를 감았습니다. ㉠ 팥죽은 동지, ㉢ 송편과 토란국은 추석과 관련 있으며 단오에는 수리취를 뜯어 만든 수리취떡을 먹었습니다.

3일 옛날과 오늘날의 세시 풍속 비교

109쪽 개념 체크

1 신발　　2 복조리　　3 설날

110~111쪽 개념 확인하기

1 ②　　2 소율　　3 ㉢　　4 ③

5 ㉡

똑똑한 하루 퀴즈 -

6 ㉠

풀이

1 윷놀이는 설날과 정월 대보름 사이에 가정이나 마을에서 여럿이 함께 즐기던 놀이입니다. 윷놀이는 장소에 크게 영향을 받지 않고 남녀노소 누구나 즐길 수 있습니다.

2 야광귀는 설날 밤에 아이들의 신발을 훔쳐 달아난 다는 귀신입니다.

3 ㉠은 조상들의 산소에 성묘를 하는 모습이고, ㉡은 차례를 지내는 모습입니다.

4 설날에는 떡국과 맛있는 음식을 나누어 먹습니다. ①은 추석, ②는 정월 대보름, ④는 동지와 관련 있는 음식입니다.

5 옛날과 오늘날의 설날에는 공통적으로 나쁜 기운을 몰아내고 복을 얻기 위한 다양한 세시 풍속이 있습니다.

6 설날에 복조리를 걸어 두면 쌀처럼 복이 일어 들어 온다고 생각했기 때문에 복조리를 문 앞에 걸어 두었 습니다.

복조리

4일 세시 풍속의 변화와 체험

115쪽 개념 체크

1 추석　　2 명절　　3 부채

116~117쪽 개념 확인하기

1 ❶ ㉠ ❷ ㉢ ❸ ㉡　　2 ②　　3 농사(농업)

4 ③

집중 연습 문제 -

5 ㉢

6 (2) ○　 설날

풀이

1 옛날에는 계절에 따라 다양한 세시 풍속이 행해졌 습니다.

2 삼복에는 닭백숙이나 육개장처럼 영양이 풍부한 음식을 먹으며 더위에 지친 체력을 보충했습니다.

3 옛날에는 세시 풍속을 통해 농사가 잘되기를 빌었 고, 건강하게 농사지을 수 있도록 다양한 세시 풍 속이 행해졌습니다.

4 옛날에는 무더운 여름의 시작을 알리는 단오에 여 름을 건강하게 보내라는 의미에서 '단오선'이라는 부채를 주고받았습니다. 단오 부채를 나누어 주는 풍속은 임금이 단오에 신하들에게 부채를 선물하던 데에서 시작되었습니다.

5 오늘날에는 교통과 통신, 과학의 발달로 직업이 다양 해지면서 세시 풍속의 모습이 많이 바뀌었습니다.

﹛ 왜 틀렸을까? ﹜

　㉠ 옛날보다 농사를 짓는 사람들이 줄어들었습니다.
　㉡ 오늘날에는 많은 사람이 회사나 공장 등에서 일을 하여 계절과 날씨의 영향을 적게 받습니다.

6 오늘날에는 농사와 관련된 풍속이 많이 사라졌고, 대부분 설날이나 추석과 같은 큰 명절을 중심으로 한 세시 풍속만 이어져 내려오고 있습니다.

120~123쪽 마무리하기 문제

1 ②　　　2 세시 풍속　　　3 ③　　　4 ②, ④
5 예 그네뛰기와 씨름 등의 놀이를 즐겼다. 창포물에 머리를
감았다.　　　6 ③　　　7 ㉡　　　8 세배
9 (1) ○　　　10 ④　　　11 ①, ④

똑똑한 하루 퀴즈

12 ㉠ 설날 ㉡ 동지

풀이

1 우리나라의 명절에는 설날, 정월 대보름, 한식, 단오,
추석, 동지 등이 있습니다.

2 매년 같은 시기에 반복되는 날을 세시라고 하고,
옛날부터 전해 내려오는 생활 습관을 풍속이라고
합니다.

3 추석에는 풍요와 건강을 기원하며 송편과 토란국을
만들어 먹었습니다.

4 정월 대보름에는 쥐불놀이와 달집태우기를 하면서
나쁜 기운을 쫓아내고, 새해 소원을 빌었습니다.

5 단오에 사람들은 여름을 시원하게 지내라는 의미로
서로 부채를 주고받기도 했습니다.

> **인정 답안**
> 제시된 그림에 있는 단오의 세시 풍속 한 가지를 알맞게 썼
> 으면 정답으로 인정합니다.
>
> **인정 답안의 예**
> • 씨름을 했다.
> • 그네뛰기를 했다.
> • 창포물에 머리를 감았다.

6 한식에는 불을 사용하지 않고 찬 음식을 먹는 풍속
이 있습니다. 찬 음식을 먹는 날이기 때문에 '한식'
이라는 이름이 붙었습니다.

7 옛날에는 설날에 복조리를 걸어 놓고 복이 많이 들
어오기를 빌었습니다.

8 옛날과 오늘날 모두 설날에는 차례를 지내고 어른
들께 세배를 하며, 서로의 복을 기원합니다.

9 윷놀이를 하며 한 해의 운세를 점친 것과 야광귀에게
빼앗기지 않도록 신발을 방 안에 둔 것은 옛날의
설날 세시 풍속입니다.

10 추석에는 한 해 동안 농사지은 곡식과 과일을 수확
하고 조상들께 감사의 의미로 차례를 지내고 성묘를
했습니다.

11 옛날부터 전해 내려오는 세시 풍속은 시간이 흐르
면서 많이 바뀌었습니다.

12 명절에는 다양한 계절 음식으로 차례상을 차리고
음식을 나누어 먹습니다.

3주 | TEST+특강

124~125쪽 누구나 100점 TEST

1 차례　　　2 ④　　　3 ⑤　　　4 ㉣
5 ⑤　　　6 (1) ○　　　7 ③　　　8 다인
9 겨울　　　10 윷놀이

풀이

1 설날, 추석 등 명절날 아침에는 조상들께 음식을
올리고 차례를 지냅니다.

2 정월 대보름날 이른 아침에 한 해의 건강을 비는
뜻에서 먹는 호두, 땅콩 등의 딱딱한 열매를 부럼
이라고 합니다.

3 정월 대보름에는 해충을 죽이고 나쁜 기운을 쫓고자
달집태우기, 쥐불놀이를 했습니다.

4 한식은 '차가운 음식을 먹는 날'이라는 의미의 날입
니다. 그래서 우리 조상들은 한식에 불을 사용하지
않고 찬 음식을 먹었습니다.

5 단오에는 수리취떡 등을 먹었습니다.

> **왜 틀렸을까?**
> ⑤는 중양절과 관련 있는 세시 풍속으로, 중양절이 되면 사
> 람들은 서로의 건강을 기원하며 국화로 만든 술과 떡을 먹
> 었습니다.

6 우리 조상들은 붉은 팥이 나쁜 기운을 쫓는다고 믿어 동짓날이 되면 팥죽을 만들어 먹고, 대문이나 벽에 팥죽을 뿌리기도 했습니다.

7 야광귀에게 신발을 빼앗기면 일 년 내내 운이 나쁘다고 믿었습니다.

8 차례 지내기, 세배하기, 떡국 먹기 등의 설날 세시 풍속은 오늘날까지 이어져 오고 있습니다.

9 새해, 정월 대보름 등을 통해 겨울과 관련 있는 세시 풍속임을 알 수 있습니다.

10 옛날에는 마을 사람들이 함께 윷놀이를 하면서 마을의 평안과 풍년을 빌었습니다.

127쪽 생활 속 사회 융합

❶ (1) 추석

(2)
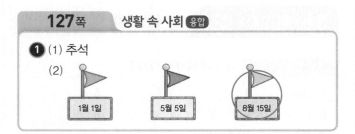

풀이

❶ (1) 한가위, 차례, 송편, 강강술래 등을 통해 추석과 관련 있는 신문 기사임을 알 수 있습니다.

(2) 음력 1월 1일은 설날이고, 음력 5월 5일은 단오입니다.

128~129쪽 사고 쑥쑥 창의

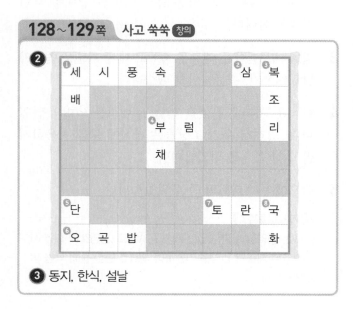

❸ 동지, 한식, 설날

풀이

❷ 우리 조상들은 명절 때뿐만 아니라 계절과 시기에 따라 의미 있는 날들을 정해 여러 가지 세시 풍속을 즐겼습니다.

❸ '세시'는 한 해의 절기나 달, 계절에 따른 때를, '풍속'은 옛날부터 전해 내려오는 생활 습관을 의미합니다. 안내판에 적힌 설명은 각각 정월 대보름, 동지, 한식, 설날이므로 해당 명절이 적힌 징검돌을 순서대로 밟아야 합니다.

130~131쪽 논리 탄탄 코딩

❹ ❹ ❻ ❼

❺ 무엇이든 할 수 있으니까 힘내

풀이

❹ 추석에는 마을 사람들이 모여 줄다리기를 하고, 보름달 아래에서 강강술래를 하며 풍년을 기원하기도 했습니다.

｛ 왜 틀렸을까? ｝

❶ 오늘날에는 농사와 관련된 풍속이 많이 사라졌습니다.

❽ 삼복에는 더위를 피해 시원한 계곡이나 산으로 놀러 갔습니다.

❸ 단오에 여자들은 그네를 뛰거나 창포물에 머리를 감았습니다.

❺ 설날에는 떡국, 정월 대보름에는 오곡밥, 삼복에는 닭백숙, 추석에는 송편, 동지에는 팥죽 등을 먹었습니다.

➡ 응원 문구 무엇이든 할 수 있으니까 힘내

1일 옛날과 오늘날의 결혼 풍습

139쪽 개념 체크

1 신부   2 기러기   3 행복

140~141쪽 개념 확인하기

1 혼례   2 ⑤   3 ①   4 ②

집중 연습 문제

5 폐백

6 ㉢   ㉡

풀이

1 혼례는 남녀가 부부 관계를 맺는 서약을 하는 의식으로 결혼식을 가리키는 말입니다.

2 기러기는 죽을 때까지 사랑을 지키는 새로 알려져 있기 때문에 신랑은 신부에게 오래도록 행복하게 함께 살자는 의미로 기러기를 주었습니다.

3 혼례를 치르고 신부의 집에서 며칠을 지낸 후에 신랑은 말을, 신부는 가마를 타고 신랑의 집으로 갔습니다.

4 오늘날에는 주로 결혼식장에서 결혼을 합니다. 그리고 공원, 정원, 바닷속에서 결혼을 하거나 우리 조상들처럼 전통 혼례 방식으로 결혼하는 사람도 있습니다.

《 왜 틀렸을까? 》
②는 옛날의 결혼식 모습입니다.

5 폐백은 신부가 혼례를 마치고 친정을 떠나 시댁으로 신행한 뒤에 행해지는 의례였습니다.
↳ 혼인할 때에, 신랑이 신부 집으로 가거나 신부가 신랑 집으로 감.

6 폐백은 결혼식을 마치고 신부가 신랑의 집안 어른들께 첫인사를 올리는 것을 말했으나, 오늘날에는 결혼식장에서 신랑, 신부가 양쪽 집안에 함께 절을 올리는 것을 의미합니다.

2일 옛날과 오늘날의 가족 형태

145쪽 개념 체크

1 확대   2 일손   3 증가

146~147쪽 개념 확인하기

1 ㉡   2 ①, ④   3 지호   4 따로 떨어져

5 ①

똑똑한 하루 퀴즈

6 ㉠

풀이

1 결혼한 자녀와 부모가 함께 사는 가족을 확대 가족이라고 합니다. 제시된 가족사진 중 ㉠은 핵가족이고, ㉡은 확대 가족입니다.

2 결혼하지 않은 자녀와 부모가 함께 사는 가족을 핵가족이라고 합니다.

3 옛날에는 주로 농사를 지어 일손이 많이 필요했기 때문에 자녀가 결혼한 후에도 부모와 함께 사는 경우가 많았습니다.

4 옛날에는 확대 가족이 많았지만, 오늘날에는 핵가족이 많습니다.

5 사람들이 새로운 일자리를 찾아 도시로 오면서 가족 규모가 작아졌습니다.

6 소율이네 가족은 핵가족이기 때문에 결혼하지 않은 자녀(소율이와 소율이의 언니)와 부모가 함께 살고 있습니다. 만약 ㉮ 부분에 할머니가 들어갈 경우, 소율이네 가족은 확대 가족에 해당합니다.

◀ 핵가족인 소율이네 가족

3일 가족 구성원의 역할

151쪽 개념 체크

1 여자 **2** 높 **3** 배려

152~153쪽 개념 확인하기

1 (1) ㉠ (2) ㉡ **2** ③ **3** ㉡ **4** 현수
5 ③, ⑤

똑똑한 하루 퀴즈

6

아인 - 대화 - 이해 - 짜증 - 폭력 - 무시 - 존중 - 배려

풀이

1 옛날에는 집안일은 주로 여자가 하고 바깥일은 주로 남자가 하는 등 가족 구성원의 역할이 구분되어 있었습니다.

2 오늘날에는 부모가 함께 자녀를 돌봅니다.

3 개인의 의견을 존중하는 사회 분위기가 형성됨에 따라 집안의 중요한 일은 가족 구성원이 함께 의논해 결정합니다.

4 옛날과 달리 오늘날에는 교육 받을 기회가 늘어나면서 여성의 사회 진출이 활발해졌습니다. 또한 남녀가 평등하다는 의식이 높아지면서 가족 구성원의 역할도 변화했습니다.

5 가족이 가지고 있는 문제가 무엇인지 정확히 알아야 하며, 가족 모두가 서로 존중하고 배려하는 마음을 가져야 합니다.

6 가족 간의 갈등을 해결하려면 가족끼리 대화를 하면서 서로 이해하고 배려하며 협력하는 자세가 필요합니다.

4일 다양한 가족

157쪽 개념 체크

1 다문화 **2** 재혼 **3** 조손

158~159쪽 개념 확인하기

1 ㉠ **2** ③ **3** ② **4** ⑤

집중 연습 문제

5 ㉢
- ㉠ ➡ 확대 가족
- ㉡ ➡ 조손 가족
- ㉢ ➡ 다문화 가족

6 (2) ○

풀이

1 어머니와 아버지 중에 어느 한 분과 자녀가 사는 가족을 한 부모 가족이라고 합니다.

2 조부모가 손자나 손녀와 함께 사는 가족을 조손 가족이라고 합니다.

3 부모님의 재혼으로 두 가족이 새롭게 한 가족이 된 모습을 만화로 표현했습니다.

4 가족마다 그 형태나 구성원이 다르기 때문에 살아가는 모습도 다양합니다. 만화, 영화, 신문, 일기, 시 등에서 다양한 형태의 가족들이 생활하는 모습을 찾아볼 수 있습니다. 제시된 자료는 영화의 장면을 활용해 조손 가족의 모습을 나타내고 있습니다.

5 다문화 가족은 자녀가 어머니 나라와 아버지 나라의 서로 다른 문화와 말을 이해하고 배우면서 자랄 수 있다는 장점이 있습니다.

6 국적과 문화가 다른 남녀가 만나 구성된 가족을 다문화 가족이라고 합니다. 세계화가 되면서 해외여행을 가거나 외국에서 학업, 직장 생활 등을 할 기회가 많아졌는데, 외국인과 만나고 서로 사랑할 기회도 많아지면서 다문화 가족이 늘어나고 있습니다.

왜 틀렸을까?
(1)은 입양 가족을 나타낸 그림입니다.

162~165쪽 마무리하기 문제

1 ①   2 (1) 결혼반지 (2) ⓔ 신랑의 집에서 신랑의
부모님께 폐백을 드렸다.   3 ⓒ   4 ⓛ
5 농사   6 ④   7 슬기   8 ②, ④
9 ②   10 (1) ⓛ (2) ㉠   11 ③

똑똑한 하루 퀴즈

12 ❶ 폐백 ❷ 핵가족

풀이

1 혼례를 치르고 신부의 집에서 며칠을 지낸 후에 신
랑은 말을, 신부는 가마를 타고 신랑의 집으로 갔
습니다.

2 오늘날의 결혼식은 옛날과 모습이 많이 다릅니다.

> **(인정 답안)**
>
> 옛날과 오늘날의 결혼식 모습을 비교하여 해당하는 내용을
> 모두 알맞게 썼으면 정답으로 인정합니다.
>
> **인정 답안의 예**
>
> (1) 결혼반지
> (2) 신랑의 집에 가서 시부모와 시댁의 어른들에게 폐백을
> 드린다.

3 옛날과 오늘날의 결혼식 모습은 달라도 축하해 주는
마음은 같습니다.

4 결혼한 자녀와 부모가 함께 사는 가족을 확대 가족
이라고 합니다.

5 주로 농사를 지었던 옛날에는 일손이 많이 필요했기
때문에 확대 가족이 많았습니다.

6 산업이 발달하고 도시로 일자리를 찾아 가족들이
흩어지면서 핵가족이 많아졌습니다.

7 옛날에는 집안일은 주로 여자가 하고 바깥일은 주로
남자가 했습니다.

8 맞벌이 가정의 증가, 남성과 여성의 역할 구분 약
화, 가족 구성원 간 집안일 분담, 가족 구성원의 의
견 존중 등은 옛날과 달라진 오늘날 가족 구성원의
생활 모습입니다.

9 어느 가족이라도 가족 구성원들의 생각이 달라 어
려움을 겪을 수 있습니다. 가족 간 갈등을 피하려
고만 하지 말고 대화를 하며 서로의 생각을 나누는
것이 필요합니다.

10 우리 사회에는 우리 가족과 같거나 비슷한 형태의
가족도 있고, 다른 형태의 가족도 있습니다.

11 가족은 출산뿐만 아니라 입양을 통해서도 만들어
집니다.

12 사회가 변화하면서 결혼 풍습뿐만 아니라 가족의
모습도 변화했습니다.

4주 | TEST + 특강

166~167쪽 누구나 100점 TEST

1 ⑤	2 ④	3 ④	4 확대 가족
5 ⓒ	6 ②	7 (2) ○	8 ③
9 ④	10 소이		

풀이

1 옛날에는 신랑이 말을 타고 신부의 집으로 가서 혼
례를 치렀습니다.

2 기러기는 죽을 때까지 사랑을 지키는 새로 알려져
있기 때문에 신랑은 오래도록 행복하게 함께 살자는
의미로 신부에게 나무를 깎아 만든 기러기를 주었
습니다.

3 오늘날에는 결혼식장에 있는 폐백실에서 신랑과
신부의 부모님께 폐백을 드립니다.

4 옛날에는 확대 가족이 많았습니다. 그러나 사회가
변화하면서 오늘날에는 핵가족이 더 많아졌습니다.

5 새로운 일자리를 찾아 도시로 오면서 가족 규모가
작아졌습니다.

6 옛날에는 가족 구성원의 역할이 구분되어 있었습니
다.

7 남녀의 역할 구분이 없어진 오늘날에는 부모가 함께 자녀를 돌봅니다.

8 가족 간 갈등을 해결하려면 가족끼리 대화를 하면서 서로 이해하고 배려하며 협력하는 자세가 필요합니다.

9 세계화의 영향으로 다문화 가족이 늘어나고 있습니다.

10 가족마다 그 형태나 구성원이 다르기 때문에 살아가는 모습도 다양하며, 다양한 가족의 생활 모습을 존중해야 합니다.

169쪽　생활 속 사회 (융합)

❶ (1)

▲ 마이크　▲ 축구공　▲ 책　▲ 청진기

(2) 집

풀이

❶ (1) 마이크, 축구공, 청진기 등은 오늘날 돌잡이 물건입니다.
　(2) 옛날에는 집에서 돌잔치를 했습니다.

170~171쪽　사고 쑥쑥 (창의)

❷ 햄이
❸ (1) ❶ 조손 가족 ❷ 재혼 가족
　(2) 토리, 도기

풀이

❷ 옛날에는 주로 농사를 지어 일손이 많이 필요했기 때문에 확대 가족이 많았습니다.

❸ (1) 우리 사회에는 다양한 형태의 가족이 살고 있습니다.
　(2) 각 가족의 다른 모습을 잘못되었다고 생각하지 않고 다름을 존중해야 합니다.

172~173쪽　논리 탄탄 (코딩)

❹ 0
❺ 랄프

풀이

❹ 옛날에는 가족 구성원의 역할이 구분되어 있었지만, 오늘날에는 남녀의 역할 구분이 없어졌습니다.

❺ 가족 간의 갈등을 해결하려면 가족끼리 대화를 하면서 서로 이해하고 배려하며 협력하는 자세가 필요합니다.

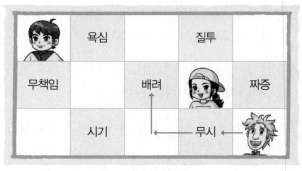

교과서 중심 기본서

초등 기본서 베스트셀러

앞서가는 아이의 **필수템**

우등생
해법시리즈

스마트하게 혼·공

학습에 도움 주는 꼼꼼한
동영상 강의와 다양한 시각 자료로
코로나 시대, 혼자서도 완벽 학습 가능

빅데이터의 선택

출제율과 오답률을 토대로
빅데이터가 분석·출제한 문제를 통해
과목별 실력을 확실하게 UP

세트 구매가 꿀이득

중요하지 않은 과목은 없으니까!
세트에만 포함된 풍부한 특별 부록으로
더 재미있고, 알차게 공부

새학기엔 슬기로운 우등생 생활!
1~2학년: 국어, 수학, 가을·겨울 | 3~6학년: 국어, 수학, 사회, 과학 (초등 1~6학년 / 학기용)
※ 세트 구매 시 수학 연산력 문제집, 헷갈리는 낱말 수첩, 과목별 단원평가 문제집, 빅데이터 시크릿 북, 한국사 사전 등 특별 부록 제공(학년 별 부록 상이, 구매 시 상세 정보 확인)

정답은
이안에
있어!

기초 학습능력 강화 프로그램
매일 조금씩 공부력 UP!

하루 독해   하루 어휘   하루 글쓰기   하루 VOCA

하루 수학   하루 계산   하루 도형   하루 사고력

하루 사회   하루 과학

과목	교재 구성	과목	교재 구성
하루 수학	1~6학년 1·2학기 12권	하루 사고력	1~6학년 A·B단계 12권
하루 VOCA	3~6학년 A·B단계 8권	하루 글쓰기	예비초~6학년 A·B단계 14권
하루 사회	3~6학년 1·2학기 8권	하루 한자	1~6학년 A·B단계 12권
하루 과학	3~6학년 1·2학기 8권	하루 어휘	1~6단계 6권
하루 도형	1~6단계 6권	하루 독해	예비초~6학년 A·B단계 12권
하루 계산	1~6학년 A·B단계 12권		

※ 각 교재별 출간 시기는 조금씩 다르며, 일부 교재는 순차적으로 출시될 예정입니다.

배움으로 행복한 내일을 꿈꾸는
천재교육 커뮤니티 안내

. . .

교재 안내부터 구매까지 한 번에!
천재교육 홈페이지

천재교육 홈페이지에서는 자사가 발행하는 참고서,
교과서에 대한 소개는 물론 도서 구매도 할 수 있습니다.
회원에게 지급되는 별을 모아 다양한 상품 응모에도
도전해 보세요.

구독, 좋아요는 필수! 핵유용 정보 가득한
천재교육 유튜브 <천재TV>

신간에 대한 자세한 정보가 궁금하세요?
참고서를 어떻게 활용해야 할지 고민인가요?
공부 외 다양한 고민을 해결해 줄 채널이 필요한가요?
학생들에게 꼭 필요한 콘텐츠로 가득한 천재TV로 놀러 오세요!

다양한 교육 꿀팁에 깜짝 이벤트는 덤!
천재교육 인스타그램

천재교육의 새롭고 중요한 소식을 가장 먼저 접하고 싶다면?
천재교육 인스타그램 팔로우가 필수!
누구보다 빠르고 재미있게 천재교육의 소식을 전달합니다.
깜짝 이벤트도 수시로 진행되니 놓치지 마세요!